中华人民共和国行业推荐性标准

公路钢管混凝土拱桥设计规范

Specifications for Design of Highway Concrete-filled
Steel Tubular Arch Bridges

JTG/T D65-06—2015

主编单位：四川省交通运输厅公路规划勘察设计研究院
批准部门：中华人民共和国交通运输部
实施日期：2015 年 12 月 01 日

人民交通出版社股份有限公司

图书在版编目（CIP）数据

公路钢管混凝土拱桥设计规范：JTG/T D65-06—2015/四川省交通运输厅公路规划勘察设计研究院主编. —北京：人民交通出版社股份有限公司，2015.10
ISBN 978-7-114-12514-0

Ⅰ.①公… Ⅱ.①四… Ⅲ.①公路桥—钢管混凝土拱桥—设计规范—中国 Ⅳ.①U448.14-65

中国版本图书馆CIP数据核字（2015）第228617号

标准类型：	中华人民共和国行业推荐性标准
标准名称：	**公路钢管混凝土拱桥设计规范**
标准编号：	JTG/T D65-06—2015
主编单位：	四川省交通运输厅公路规划勘察设计研究院
责任编辑：	李 农
出版发行：	人民交通出版社股份有限公司
地　　址：	（100011）北京市朝阳区安定门外外馆斜街3号
网　　址：	http://www.ccpress.com.cn
销售电话：	（010）59757973
总 经 销：	人民交通出版社股份有限公司发行部
经　　销：	各地新华书店
印　　刷：	北京市密东印刷有限公司
开　　本：	880×1230　1/16
印　　张：	5
字　　数：	109千
版　　次：	2015年10月　第1版
印　　次：	2023年3月　第3次印刷
书　　号：	ISBN 978-7-114-12514-0
定　　价：	40.00元

（有印刷、装订质量问题的图书，由本公司负责调换）

中华人民共和国交通运输部
公 告

第41号

交通运输部关于发布
《公路钢管混凝土拱桥设计规范》的公告

现发布《公路钢管混凝土拱桥设计规范》(JTG/T D65-06—2015)，作为公路工程行业推荐性标准，自2015年12月1日起施行。

《公路钢管混凝土拱桥设计规范》(JTG/T 065-06—2015)的管理权和解释权归交通运输部，日常解释和管理工作由主编单位四川省交通运输厅公路规划勘察设计研究院负责。

请各有关单位在实践中注意总结经验，及时将发现的问题和修改意见函告四川省交通运输厅公路规划勘察设计研究院（地址：四川省成都市武侯横街1号，邮编：610041），以便修订时研用。

特此公告。

中华人民共和国交通运输部
2015年8月31日

交通运输部办公厅　　　　　　　　　　　　　　　　2015年9月8日印发

前　言

根据交通运输部厅公路字〔2009〕190号《关于下达2009年度公路工程标准制修订项目计划的通知》的要求，由四川省交通运输厅公路规划勘察设计研究院作为主编单位，承担《公路钢管混凝土拱桥设计规范》（JTG/T D65-06）（以下简称"本规范"）的制定工作。

编写组在总结已建钢管混凝土拱桥设计、施工等经验和吸收有关研究成果的基础上，参考国内外相关标准，广泛征求行业意见，制定了本规范。

本规范包括10章和4个附录等内容。其中，第1~3章为本规范的总则、术语和符号及材料的常用性能指标；第4章~第7章为钢管混凝土拱桥及构件的设计计算，包括计算基本规定、承载能力极限状态计算、正常使用极限状态计算和施工过程计算；第8章为钢管混凝土拱桥的总体设计及构造要求；第9章和第10章从桥梁结构耐久性方面考虑，对检修养护设施等附属构造、钢管结构的防腐构造与涂装等作出规定；附录A为钢管混凝土徐变系数的计算；附录B为本规范采用的钢管混凝土本构关系；附录C为构件应力计算；附录D为钢—混凝土组合桥面板的一些构造要求。

请各有关单位在执行过程中，将发现的问题和意见，函告本规范日常管理组，联系人：牟廷敏（地址：成都市武侯横街1号，四川省交通运输厅公路规划勘察设计研究院；邮政编码：610041；电话：028-85527452；传真：028-85582845；电子邮箱：moutm@vip.sina.com），以便修订时研用。

主　编　单　位：四川省交通运输厅公路规划勘察设计研究院
参　编　单　位：湖南省交通规划勘察设计院
　　　　　　　　　中交公路规划设计院有限公司
　　　　　　　　　福州大学
　　　　　　　　　清华大学
　　　　　　　　　重庆交通大学
　　　　　　　　　西南交通大学
　　　　　　　　　广西公路桥梁工程总公司
主　　　　编：庄卫林
主要参编人员：牟廷敏　范碧琨　林小军　梁　健　韩林海　陈宝春
　　　　　　　　范文理　赵君黎　王劼耘　周水兴　李　瑜

参与审查人员：谢邦珠　陈乐生　郑皆连　张联燕　顾安邦　程懋芳
　　　　　　　　丁庆军　田仲初　彭元诚　蒋自强　曹　瑞　李毅谦
　　　　　　　　查晓雄　张佐安

参 加 人 员：胡建华　熊国斌　冯　苠　韦建刚　陈光辉　王　鑫
　　　　　　　　王潇碧　周孝军

目 次

1 总则 ··· 1
2 术语和符号 ··· 3
　2.1 术语 ·· 3
　2.2 符号 ·· 4
3 材料 ··· 7
　3.1 钢材 ·· 7
　3.2 连接材料 ·· 8
　3.3 混凝土 ··· 8
　3.4 钢管混凝土 ·· 10
4 计算基本规定 ··· 14
　4.1 一般规定 ··· 14
　4.2 作用及作用效应组合 ··· 15
　4.3 主拱内力计算 ··· 17
5 承载能力极限状态计算 ·· 22
　5.1 一般规定 ··· 22
　5.2 单管受压构件 ··· 22
　5.3 组合受压构件 ··· 27
　5.4 轴心受拉构件 ··· 32
　5.5 受剪构件 ··· 33
　5.6 节点承载力计算 ··· 33
　5.7 节点及连接疲劳验算 ·· 35
　5.8 吊索和系杆索计算 ·· 37
　5.9 主拱稳定性分析 ··· 37
6 正常使用极限状态计算 ·· 40
　6.1 一般规定 ··· 40
　6.2 主拱变形及预拱度设置 ··· 40
　6.3 动力特性 ··· 41
7 施工过程计算 ··· 42
　7.1 一般规定 ··· 42
　7.2 主拱钢管节段安装成拱 ··· 42
　7.3 主拱管内混凝土灌注 ·· 43

— 1 —

7.4 拱上结构安装	44
8 总体设计及构造	**45**
8.1 总体设计	45
8.2 主拱	48
8.3 横撑	54
8.4 拱上立柱	55
8.5 吊索	57
8.6 系杆索	58
8.7 桥面系构造	58
8.8 辅助结构	59
9 附属结构	**61**
9.1 防排水构造	61
9.2 检修养护设施	61
10 防腐构造与涂装	**62**
附录A 钢管混凝土徐变系数	63
附录B 钢管混凝土本构关系	64
附录C 钢管混凝土构件应力计算	66
附录D 钢—混凝土组合桥面板	68
本规范用词用语说明	70

1 总则

1.0.1 为规范和指导公路钢管混凝土拱桥设计，保障设计质量，按照安全可靠、适用耐久、经济合理、技术先进的原则，制定本规范。

1.0.2 本规范适用于钢管为圆形截面的公路钢管混凝土拱桥设计。

条文说明

　　圆形钢管对混凝土的约束力强，研究理论与构造设计技术成熟，建造的拱桥数量最多。

1.0.3 钢管混凝土拱桥应采用以概率理论为基础的极限状态法设计，并进行以下两类极限状态设计：
　　1　承载能力极限状态：对应于钢管混凝土拱桥及其构件达到最大承载能力或出现不适于继续承载的变形或变位的状态。
　　2　正常使用极限状态：对应于钢管混凝土拱桥及其构件达到正常使用或耐久性的某项限值的状态。

1.0.4 钢管混凝土拱桥应根据不同种类的作用（或荷载）及其对桥梁的影响、桥梁所处的环境条件，区分以下四种状况进行相应的极限状态设计：
　　1　持久状况：桥梁建成后承受自重、车辆等荷载的状况。应进行承载能力极限状态和正常使用极限状态设计。
　　2　短暂状况：桥梁施工过程中承受临时性作用的状况。应进行承载能力极限状态设计，必要时进行正常使用极限状态设计。
　　3　偶然状况：桥梁在服役期内可能偶然出现异常的状况。应进行承载能力极限状态设计，必要时进行正常使用极限状态设计。
　　4　地震状况：桥梁在遭受地震作用时的状况，在抗震设防地区应计入地震设计状况。应进行承载能力极限状态设计，必要时进行正常使用极限状态设计。

1.0.5 钢管混凝土拱桥设计时，应提出相应的施工方法、施工步骤和结构体系转换程序。

条文说明

拱桥的施工方法、施工步骤和结构体系转换影响到拱桥总体布局、构造设计、施工与使用安全，因此，拱桥设计时，应总体考虑拱桥施工全过程的关键技术。

1.0.6 施工阶段，在管内混凝土未达到设计强度前，构件的承载力、变形和稳定应按钢结构计算。施工阶段的荷载应包括钢管和混凝土等的自重、温度作用、风荷载及可能发生的施工荷载。

1.0.7 钢管混凝土拱桥主体结构设计使用年限应为100年，吊索、系杆索的设计使用年限应为20年，钢结构防腐涂层体系保护年限应为15年。吊索、系杆索锚固设计应满足检查、维修和可更换的需要。

条文说明

钢管混凝土拱桥主体结构包括主拱、横撑、桥面梁（板）、拱上立柱、桥墩、基础及连接结构。吊索、系杆索设计使用年限及钢结构涂层的设计保护年限低于主体结构，因此应进行吊索、系杆索的可更换设计。

1.0.8 钢管混凝土拱桥中的钢结构构造细节应满足完整性设计的要求。

条文说明

近年来，一些钢管混凝土拱桥在制造或服役期形成局部缺陷，在恶劣环境中，缺陷急速恶化扩展，缩短了桥梁设计服役期甚至导致桥梁垮塌。钢管混凝土桥梁因钢管的连接主要采用焊接，并且空中安装焊接工作量大，在连接接头处可能造成钢管结构的局部缺陷，从而影响桥梁完整性，严重影响钢管混凝土桥梁寿命。

1.0.9 钢管混凝土拱桥设计除应符合本规范的规定外，尚应符合国家和行业现行有关标准的规定。

2 术语和符号

2.1 术语

2.1.1 钢管混凝土构件 concrete-filled steel tubular member
在钢管内灌注混凝土，并由钢管—混凝土共同受力的构件。

2.1.2 钢管混凝土拱桥 concrete-filled steel tubular arch bridge
主拱为钢管混凝土构件的拱桥。

2.1.3 自密实补偿收缩混凝土 shrinkage-compensating & self-compacting concrete
具有高流动度、不离析、均匀和稳定等特性，浇筑时依靠其自重流动，无须振捣而达到密实，硬化时依靠膨胀剂及反应水作用，使混凝土微量膨胀而补偿收缩的混凝土。

2.1.4 组合弹性轴压模量 composite compressive modulus of elasticity
钢管混凝土构件组合截面在轴心受压且其纵向名义应力与应变呈线性关系时，名义压应力与压应变的比值。

2.1.5 组合弹性剪切模量 composite shear modulus of elasticity
钢管混凝土构件组合截面在受纯剪且其切向名义应力与应变呈线性关系时，名义切应力与切应变的比值。

2.1.6 约束效应系数标准值 characteristic value of confinement coefficient
反映钢管混凝土组合截面的几何特征和组成材料的物理特性的综合参数标准值。

2.1.7 约束效应系数设计值 design value of confinement coefficient
反映钢管混凝土组合截面的几何特征和组成材料的物理特性的综合参数设计值。

2.1.8 钢管初应力 initial stress of steel tube
钢管混凝土构件内混凝土达到设计强度前空钢管的应力。

2.1.9 脱空率 de-fill rate

脱空截面积与钢管混凝土组合截面积的比值。

2.1.10 初应力折减系数 initial stress reduction coefficient
反映钢管初应力对钢管混凝土承载能力影响的程度。

2.1.11 脱空折减系数 de-fill reduction coefficient
反映钢管内混凝土脱空率对钢管混凝土承载能力影响的程度。

2.1.12 单管主拱 single tube arch
横截面为单根钢管混凝土的主拱。

2.1.13 哑铃型主拱 dumbbell arch
横截面为两根竖向排列的钢管混凝土通过连接钢板组成的主拱。

2.1.14 桁式主拱 truss arch
上下钢管混凝土通过支管连接组成桁式受力结构的主拱。

2.1.15 单管受压构件 single tube compressive component
由单根钢管混凝土作为受压截面的构件。

2.1.16 组合受压构件 composite compressive component
由两肢或两肢以上的钢管混凝土主管通过连接件组合形成受压截面的构件。

2.1.17 完整性设计 integrity design
在钢管结构材质、荷载、构造、制造、安装、维护等环节设计时，既规定构件的强度和刚度要求，又规定构件损伤容限和抗断裂要求，以保证达到结构的设计使用目标，具有系统性、整体性和综合性特点的设计。

2.2 符号

M——弯矩设计值；
N——轴向力设计值；
V——剪力设计值；
R——构件承载力设计值；
S——作用（或荷载）效应的组合设计值；
E_s——钢材弹性模量；
E_c——混凝土弹性模量；

E_{sc}——钢管混凝土组合弹性轴压模量；

G_s——钢材剪切模量；

G_c——混凝土剪切模量；

G_{sc}——钢管混凝土组合弹性剪切模量；

μ_c——混凝土泊松比；

α——线膨胀系数；

ρ——密度；

f_y——钢材的屈服强度；

f_{sd}——钢材的抗拉、抗压、抗弯强度设计值；

f_{vd}——钢材的抗剪强度设计值；

f_{pk}——吊索、系杆索抗拉强度标准值；

f_{ck}——混凝土轴心抗压强度标准值；

f_{cd}——混凝土轴心抗压强度设计值；

f_{tk}——混凝土轴心抗拉强度标准值；

f_{td}——混凝土轴心抗拉强度设计值；

f_{sc}——钢管混凝土组合轴心抗压强度设计值；

τ_{sc}——钢管混凝土组合抗剪强度设计值；

N_c——支管受压时的节点承载力；

N_t——支管受拉时的节点承载力；

$[\sigma_0]$——疲劳容许应力幅；

A_s——钢管混凝土钢管的截面面积；

A_c——钢管内混凝土的截面面积；

A_{sc}——钢管混凝土的组合截面面积；

A_f——支管截面面积；

D——主管外径；

d——支管外径；

β——支管与主管外径之比；

T——主管壁厚；

t——支管壁厚或钢板板厚；

δ——钢腹板的厚度；

g——两支管间的间隙；

θ——管轴线之间的夹角；

r——钢管混凝土组合截面半径；

i——截面回转半径；

e_0——偏心距；

ε_b——界限偏心率；

I_{sc}——钢管混凝土组合截面惯性矩；

I_g——桁式主拱的换算截面惯性矩；

L——主拱的计算跨径；

L_0——主拱的净跨径；

S_g——拱轴线长度；

S_0——拱轴线等效计算长度；

λ——构件长细比；

H——计算截面全高；

h——桁式主拱的主管重心之间的距离或哑铃型主拱钢腹板计算高度；

B——主拱截面全宽；

δ_s——主拱设计预拱度值；

δ_j——主拱计算预拱度值；

a_s——截面的含钢率；

ξ——钢管混凝土的约束效应系数标准值；

ξ_0——钢管混凝土的约束效应系数设计值；

σ_0——钢管的初应力；

ω——钢管初应力度；

μ——钢管混凝土拱桥汽车荷载冲击系数；

γ——结构重要性系数；

γ_e——抗震调整系数；

γ_v——截面抗剪修正系数；

γ_s——吊索、系杆索综合系数；

φ_l——长细比折减系数；

φ_e——弯矩折减系数；

η——偏心距增大系数；

r_m——截面塑性发展系数；

K_p——钢管初应力折减系数；

K_d——钢管混凝土脱空折减系数；

K_y——预拱度非线性修正系数。

3 材料

3.1 钢材

3.1.1 钢管混凝土构件中的钢材,应根据结构的重要性、荷载特征、应力状态、连接方式、环境条件等因素确定强度和质量等级。钢材常用强度等级为 Q235、Q345、Q390,钢材质量等级应根据使用环境温度选用 B 级或 B 级以上。

3.1.2 钢材质量应符合现行《碳素结构钢》(GB/T 700)和《低合金高强度结构钢》(GB/T 1591)的规定。

3.1.3 钢管宜采用卷制焊接直缝管。当钢管径厚比不满足卷制要求时,钢管可采用符合国家和行业现行相关标准的螺旋焊接管或无缝钢管。

条文说明

卷制焊接直缝管制造精度高,质量可靠,成本较低。

3.1.4 当钢管有防止层状撕裂的需要时,其材质应符合现行《厚度方向性能钢板》(GB/T 5313)的规定。

3.1.5 钢材的物理力学性能指标应满足表 3.1.5 的要求。

表 3.1.5 钢材的物理力学性能指标

弹性模量 E_s(MPa)	剪切模量 G_s(MPa)	线膨胀系数 α(1/℃)	密度 ρ(kg/m³)
2.06×10^5	0.79×10^5	1.2×10^{-5}	7 850

3.1.6 钢管的强度设计值应满足表 3.1.6 的要求。

表 3.1.6 钢管的强度设计值(MPa)

钢 材		抗拉、抗压和抗弯 f_{sd}	抗剪 f_{vd}
牌号	厚度(mm)		
Q235	≤16	215	125
	16~40	205	120

续表 3.1.6

钢 材		抗拉、抗压和抗弯 f_{sd}	抗剪 f_{vd}
牌号	厚度（mm）		
Q345	≤16	310	180
	16~35	295	170
Q390	≤16	350	205
	16~35	335	190

3.2 连接材料

3.2.1 焊接材料应与结构钢材的性能相匹配。当两种不同强度等级的钢材相焊接时，应采用与强度较低的一种钢材相适应的焊接材料。

3.2.2 用于钢管混凝土构件或钢构件连接的紧固件，应符合国家关于普通螺栓、高强度螺栓、焊钉的现行相关标准。

条文说明

相关标准包括适用于普通螺栓的《六角头螺栓 C级》（GB/T 5780）和《六角头螺栓》（GB/T 5782），适用于高强度螺栓的《钢结构用高强度大六角头螺栓》（GB/T 1228）、《钢结构用高强度大六角螺母》（GB/T 1229）、《钢结构用高强度垫圈》（GB/T 1230）、《钢结构用高强度大六角头螺栓、大六角螺母、垫圈技术条件》（GB/T 1231）和《钢结构用扭剪型高强度螺栓连接副》（GB/T 3632）。高强度螺栓的预紧力和摩擦面抗滑移系数应符合《钢结构设计规范》（GB 50017），及适用于焊钉的《电弧螺柱焊用圆柱头焊钉》（GB/T 10433）。

3.3 混凝土

3.3.1 钢管内灌注的混凝土应采用自密实补偿收缩混凝土，其强度等级宜为 C30~C80。

3.3.2 自密实补偿收缩混凝土性能指标应满足下列要求：
1 力学性能：应满足设计要求。
2 体积稳定性能：密闭环境下混凝土自由膨胀率应控制在 $2 \times 10^{-4} \sim 6 \times 10^{-4}$，其稳定收敛期应小于 60d。
3 工作性能：其各项指标应满足表3.3.2的要求。

表 3.3.2 自密实补偿收缩混凝土工作性能

泵送灌注时间（h）	坍落度（cm）		扩展度（cm）		U形箱填充高度（cm）	V形漏斗通过时间（s）	T_{50}（s）	初凝时间（h）	终凝时间（h）
≤6	入泵 20~26	3h: ≥18	入泵 50~65	3h: ≥40	≥30 无障碍	10~25	5~20	12~18	14~20
≤10		5h: ≥18		5h: ≥40				16~22	18~24

4 外加剂选择：应掺加高效减水剂和膨胀剂。选用的高效减水剂应具有保塑、缓凝的功能，减水率应大于25%，且制备的混凝土拌和物含气量应小于2.5%。选用的膨胀剂应对混凝土工作性能影响小、膨胀性能稳定，水中限制膨胀率7d大于0.05%，空气中［温度20℃±2℃，相对湿度（60±5）%］21d大于0。

条文说明

自密实补偿收缩混凝土工作性能，其评价指标根据《自密实混凝土应用技术规程》（CECS 203:2006）的性能测试方法，采用坍落扩展度法测试流动性能，用V形漏斗法测试黏稠性和抗离析性，用U形箱法测试自填充性。测试的混凝土工作性能指标应符合本条规定。

武汉理工大学的试验研究表明，钢管内混凝土在密闭环境下的膨胀率在60d内稳定收敛，有利于施工控制和桥梁结构的稳定。当密闭环境下钢管内混凝土自由膨胀率在$2×10^{-4}$~$6×10^{-4}$，含气量小于2.5%时，钢管内混凝土容易密实。如果密闭环境下混凝土中膨胀剂掺量高，自由膨胀率过大，就会影响混凝土的工作性能、力学性能和结构稳定性能。

主管内混凝土一般采用泵送顶升灌注，依靠混凝土的自重而密实，因此，混凝土应具有良好的自密实性能。如果初始坍落度小于20cm，扩展度小于50cm，T_{50}大于20s，V形漏斗通过时间大于25s，U形箱填充高度小于30cm，则混凝土的工作性能不能满足自密实性能要求；混凝土坍落度大于26cm，扩展度大于65cm，T_{50}小于5s，V形漏斗通过时间小于10s，则混凝土黏聚性不良，容易离析而堵管或分层，影响钢管混凝土均匀性。工程实践表明，如果泵送顶升灌注6h内完成，则控制3h坍落度宜大于18cm，扩展度大于40cm，初凝时间12~18h，终凝时间14~20h；如果泵送顶升灌注10h内完成，则3h坍落度应无损失，控制5h坍落度宜大于18cm，扩展度大于40cm，初凝时间16~22h，终凝时间18~24h。

在泵送压力作用下，混凝土中气体会部分逸出，积聚在钢管和混凝土之间形成气膜，造成钢管和混凝土脱粘，所以对减水剂含气量提出要求。

3.3.3 混凝土轴心抗压强度标准值f_{ck}、轴心抗压强度设计值f_{cd}、轴心抗拉强度标准值f_{tk}、轴心抗拉强度设计值f_{td}、弹性模量E_c应按表3.3.3采用。混凝土的剪切模量G_c可按表3.3.3中弹性模量E_c的0.4倍采用，混凝土的泊松比μ_c可采用0.2。

表 3.3.3 混凝土强度和弹性模量（MPa）

混凝土强度等级		C30	C40	C50	C60	C70	C80
标准值	轴心抗压 f_{ck}	20.1	26.8	32.4	38.5	44.5	50.2
	轴心抗拉 f_{tk}	2.01	2.40	2.65	2.85	3.00	3.10
设计值	轴心抗压 f_{cd}	13.8	18.4	22.4	26.5	30.5	34.6
	轴心抗拉 f_{td}	1.39	1.65	1.83	1.96	2.07	2.14
弹性模量 E_c（×10⁴）		3.00	3.25	3.45	3.60	3.70	3.80

3.4 钢管混凝土

3.4.1 钢管混凝土构件应满足下列要求：

1 钢管外径不宜小于300mm，也不宜大于1500mm。

2 钢管混凝土主拱的主管壁厚不宜小于10mm；横撑、立柱等采用钢管混凝土时，钢管壁厚不宜小于8mm。

3 钢管径厚比（D/T）不宜大于90，其中卷制焊接钢管径厚比（D/T）不宜小于40。

4 含钢率 a_s 取值宜为 0.04~0.20，其值应按式（3.4.1-1）计算。

$$a_s = \frac{A_s}{A_c} \quad (3.4.1\text{-}1)$$

式中：a_s——钢管混凝土截面含钢率；
A_s——钢管混凝土钢管的截面面积（m²）；
A_c——钢管内混凝土的截面面积（m²）。

5 约束效应系数标准值 ξ 不宜小于0.6，其值应按式（3.4.1-2）计算。

$$\xi = \frac{A_s f_y}{A_c f_{ck}} \quad (3.4.1\text{-}2)$$

式中：ξ——钢管混凝土的约束效应系数标准值；
A_s——钢管混凝土钢管的截面面积（m²）；
f_y——钢材的屈服强度（MPa）；
A_c——钢管内混凝土的截面面积（m²）；
f_{ck}——混凝土轴心抗压强度标准值（MPa）。

条文说明

为使钢管与钢管内混凝土具有统一的力学特征和变形协调性能，并满足桥梁结构受力性能需要，钢管混凝土的含钢率、径厚比、约束效应系数等应满足规定指标要求。

3.4.2 钢管与混凝土的强度等级匹配关系宜满足表3.4.2的要求。

表 3.4.2 钢管与混凝土的强度等级匹配关系

钢材	Q235		Q345					Q390			
混凝土	C30	C40	C40	C50	C60	C70	C80	C50	C60	C70	C80

条文说明

钢管和混凝土材料的强度等级影响钢管混凝土力学性能，钢管和混凝土的强度等级科学合理"匹配"，使钢管混凝土的力学性能更优良、经济性更好。

3.4.3 钢管混凝土设计强度应采用组合轴心抗压强度f_{sc}，f_{sc}应按式（3.4.3-1）、式（3.4.3-2）计算。

当$T \leqslant 16\text{mm}$时

$$f_{sc} = (1.14 + 1.02\xi_0) f_{cd} \tag{3.4.3-1}$$

当$T > 16\text{mm}$时

$$f_{sc} = 0.96 \times (1.14 + 1.02\xi_0) f_{cd} \tag{3.4.3-2}$$

式中：f_{sc}——钢管混凝土组合轴心抗压强度设计值（MPa）；

　　　T——主管壁厚（mm）；

　　　ξ_0——钢管混凝土的约束效应系数设计值，按式（3.4.3-3）计算；

$$\xi_0 = \frac{A_s f_{sd}}{A_c f_{cd}} \tag{3.4.3-3}$$

　　　A_s——钢管混凝土钢管的截面面积（m²）；

　　　f_{sd}——钢管的抗拉强度设计值（MPa）；

　　　A_c——钢管内混凝土的截面面积（m²）；

　　　f_{cd}——钢管内混凝土的轴心抗压强度设计值（MPa）。

条文说明

采用厚度大于16mm的钢板卷制成的钢管，厚板效应使卷制的钢管更容易凸显钢材固有缺陷，降低钢材强度；同时，壁厚大于16mm的钢管直径一般较大，而大直径钢管混凝土的约束效应差、影响因素多。根据试验成果，取钢管混凝土组合抗压强度设计值的修正系数为0.96。

3.4.4 钢管混凝土弹性模量应采用组合弹性轴压模量E_{sc}。当$T \leqslant 16\text{mm}$时，E_{sc}应按表3.4.4取值；当$T > 16\text{mm}$时，E_{sc}应按表3.4.4取值乘以0.96后确定。

表 3.4.4 组合弹性轴压模量 E_{sc} ($\times 10^4$ MPa)

钢材牌号		Q235		Q345					Q390			
混凝土强度等级		C30	C40	C40	C50	C60	C70	C80	C50	C60	C70	C80
a_s	0.04	2.89	3.57	3.06	3.50	3.98	4.45	4.89	3.36	3.81	4.24	4.65
	0.05	3.11	3.79	3.31	3.74	4.22	4.69	5.14	3.62	4.06	4.49	4.91
	0.06	3.32	4.00	3.55	3.99	4.46	4.93	5.38	3.87	4.31	4.75	5.16
	0.07	3.53	4.21	3.79	4.23	4.70	5.17	5.62	4.12	4.57	5.00	5.41
	0.08	3.75	4.43	4.03	4.47	4.95	5.42	5.86	4.38	4.82	5.25	5.67
	0.09	3.96	4.64	4.27	4.71	5.19	5.66	6.10	4.63	5.07	5.51	5.92
	0.10	4.17	4.85	4.51	4.95	5.43	5.90	6.35	4.88	5.32	5.76	6.17
	0.11	4.39	5.07	4.76	5.19	5.67	6.14	6.59	5.14	5.58	6.01	6.43
	0.12	4.60	5.28	5.00	5.44	5.91	6.38	6.83	5.39	5.83	6.27	6.68
	0.13	4.81	5.49	5.24	5.68	6.15	6.62	7.07	5.64	6.08	6.52	6.93
	0.14	5.03	5.71	5.48	5.92	6.40	6.87	7.31	5.89	6.34	6.77	7.19
	0.15	5.24	5.92	5.72	6.16	6.64	7.11	7.55	6.15	6.59	7.03	7.44
	0.16	5.45	6.13	5.96	6.40	6.88	7.35	7.80	6.40	6.84	7.28	7.69
	0.17	5.67	6.35	6.21	6.64	7.12	7.59	8.04	6.65	7.10	7.53	7.95
	0.18	5.88	6.56	6.45	6.89	7.36	7.83	8.28	6.91	7.35	7.79	8.20
	0.19	6.10	6.78	6.69	7.13	7.60	8.07	8.52	7.16	7.60	8.04	8.45
	0.20	6.31	6.99	6.93	7.37	7.85	8.32	8.76	7.41	7.86	8.29	8.71

注：当含钢率 a_s 为中间值时，E_{sc} 采用插入法求得。

3.4.5 钢管混凝土组合抗剪强度设计值 τ_{sc} 应按式（3.4.5-1）、式（3.4.5-2）计算。

当 $T \leq 16$ mm 时

$$\tau_{sc} = (0.422 + 0.313 a_s^{2.33}) \xi_0^{0.134} f_{sc} \quad (3.4.5\text{-}1)$$

当 $T > 16$ mm 时

$$\tau_{sc} = 0.96 \times (0.422 + 0.313 a_s^{2.33}) \xi_0^{0.134} f_{sc} \quad (3.4.5\text{-}2)$$

式中：τ_{sc}——钢管混凝土组合抗剪强度设计值（MPa）；
a_s——钢管混凝土截面的含钢率；
ξ_0——钢管混凝土的约束效应系数设计值；
f_{sc}——钢管混凝土组合轴心抗压强度设计值（MPa）。

3.4.6 钢管混凝土剪切模量应采用组合弹性剪切模量 G_{sc}。当 $T \leq 16$ mm 时，G_{sc} 应按表 3.4.6 取值；当 $T > 16$ mm 时，G_{sc} 应按表 3.4.6 取值乘以 0.96 后确定。

表 3.4.6　组合弹性剪切模量 G_{sc}（$\times 10^4$MPa）

钢材牌号		Q235		Q345					Q390			
混凝土强度等级		C30	C40	C40	C50	C60	C70	C80	C50	C60	C70	C80
a_s	0.04	0.86	1.01	0.91	1.01	1.11	1.20	1.29	0.97	1.07	1.16	1.24
	0.05	0.95	1.10	1.01	1.10	1.21	1.30	1.39	1.07	1.16	1.26	1.34
	0.06	1.04	1.19	1.11	1.20	1.30	1.40	1.49	1.17	1.26	1.35	1.43
	0.07	1.13	1.28	1.21	1.30	1.40	1.50	1.59	1.26	1.35	1.44	1.53
	0.08	1.22	1.37	1.30	1.39	1.49	1.59	1.68	1.36	1.45	1.54	1.62
	0.09	1.32	1.46	1.40	1.49	1.59	1.68	1.77	1.45	1.54	1.63	1.71
	0.10	1.41	1.55	1.50	1.58	1.68	1.78	1.87	1.54	1.63	1.72	1.80
	0.11	1.50	1.64	1.59	1.68	1.77	1.87	1.96	1.63	1.72	1.80	1.88
	0.12	1.59	1.73	1.69	1.77	1.87	1.96	2.05	1.73	1.81	1.89	1.97
	0.13	1.69	1.82	1.79	1.87	1.96	2.05	2.14	1.82	1.90	1.98	2.06
	0.14	1.78	1.92	1.89	1.96	2.06	2.15	2.23	1.91	1.99	2.07	2.14
	0.15	1.88	2.01	1.98	2.06	2.15	2.24	2.32	2.00	2.08	2.15	2.23
	0.16	1.97	2.10	2.08	2.16	2.24	2.33	2.41	2.09	2.16	2.24	2.31
	0.17	2.07	2.20	2.18	2.25	2.34	2.42	2.51	2.18	2.25	2.32	2.40
	0.18	2.17	2.29	2.28	2.35	2.43	2.52	2.60	2.27	2.34	2.41	2.48
	0.19	2.27	2.39	2.38	2.45	2.53	2.61	2.69	2.36	2.43	2.49	2.56
	0.20	2.37	2.49	2.48	2.55	2.62	2.71	2.78	2.45	2.51	2.58	2.65

注：当含钢率 a_s 为中间值时，G_{sc} 采用插入法求得。

3.4.7 钢管混凝土的线膨胀系数 α 应取 1.2×10^{-5}。

条文说明

钢管混凝土的钢管外表面直接暴露于大气中，且钢管内混凝土对钢管的轴向约束较小，因此，选用钢材的线膨胀系数作为钢管混凝土的线膨胀系数。

4 计算基本规定

4.1 一般规定

4.1.1 钢管混凝土拱桥应进行强度、刚度、稳定验算和动力性能分析，并应符合下列规定：

1 钢管混凝土主拱应采用静力方法计算内力和累计变形。按照极限承载能力公式，对单管主拱进行单管受压构件的强度验算；对哑铃型主拱进行组合受压构件的强度验算；对桁式主拱进行单肢和组合受压构件的强度验算。

2 钢管混凝土拱桥整体稳定与动力特性，应建立全桥空间模型进行分析，包括主拱、桥面系、吊杆、立柱、系杆等全桥各构件。

3 计算主拱稳定安全系数，当主拱跨径大于300m时，尚应计入材料、几何非线性影响。

条文说明

钢管混凝土拱桥的主拱和钢管混凝土构件的强度、刚度和动力性能按本规范提出的计算方法进行验算。当计算主拱稳定安全系数时，主拱跨径大于300m的钢管混凝土拱桥，材料、几何非线性对主拱稳定性能影响显著，不容忽视。

4.1.2 钢管混凝土拱桥的结构分析（静力、稳定、动力），可采用平面或空间有限元法。下承式刚架系杆拱桥的计算模型应包括下部结构。

条文说明

主拱与下部结构固结的下承式系杆拱桥，被称为下承式刚架系杆拱桥。由于下部结构的水平刚度对下承式刚架系杆拱桥各构件的内力、变形和稳定影响较大，因此计算模型中应包括下部结构。

4.1.3 钢管混凝土拱桥的承载力计算应计入钢管初应力和混凝土脱空的影响。

4.1.4 钢管混凝土拱桥主拱截面尺寸、主管和支管规格、拱轴线形等几何参数应综合优化确定。

4.1.5 钢管混凝土拱桥，当桥面梁（板）为连续结构时，桥面梁（板）内力计算应计入吊索和主拱的影响。

4.2 作用及作用效应组合

4.2.1 有关作用的分类、组合及结构重要性系数，应符合现行《公路桥涵设计通用规范》（JTG D60）的规定。

4.2.2 钢管混凝土主拱的活载冲击系数 μ，可按式（4.2.2）计算。当计算结果 $\mu < 0.05$ 时，取 $\mu = 0.05$。

$$\mu = \frac{18}{40 + L_0} \tag{4.2.2}$$

式中：L_0——主拱的净跨径（m）。

条文说明

《公路桥涵设计通用规范》（JTG D60—2015）的冲击系数采用分段函数法，建立了冲击系数与结构基频的计算方法。福州大学根据钢管混凝土拱桥实测冲击系数和频率，建立了实测冲击系数和频率的关系，见式（4-1）：

$$\mu = 0.057\,36 f_0 + 0.074\,8 \tag{4-1}$$

式中：f_0——主拱一阶竖向自振频率（Hz）。

桥梁冲击系数的影响因素较多，研究难度较大，虽然研究资料较多，但尚无共识。钢管混凝土拱桥跨度大，上、中、下承式不同结构体系，其自振频率或冲击系数的相关性差别较大。几座钢管混凝土拱桥的冲击系数（采用不同方法计算和实测结果）对比见表4-1。

表4-1 钢管混凝土桥梁实测频率和冲击系数表

桥名	跨径（m）	结构体系	频率（Hz）	实测主拱冲击系数	频率法计算的冲击系数	本规范计算的冲击系数	《公路桥涵设计通用规范》（JTG D60—2015）计算的冲击系数
新桐山桥	51	下承式	2.660	0.190	0.227	0.198	0.157
新金钢桥	101	中承式	4.050	0.260	0.307	0.128	0.231
乌江二桥	140	中承式	0.742	0.089	0.117	0.100	0.050
合川嘉陵江桥	200	中承式	0.552	0.056	0.106	0.075	0.050
宜宾戎州桥	260	中承式	0.615	0.170	0.110	0.060	0.050
丫髻沙大桥	360	中承式	0.430	0.100	0.099	0.045	0.050
巫山长江大桥	460	中承式	0.146	0.180	0.083	0.036	0.050

桥面平整度对主拱冲击系数的影响显著，同时，不同结构体系、不同吊索长度、不

同桥梁宽度等多种因素影响桥梁的冲击系数，导致实测冲击系数与几种不同方法计算冲击系数结果差异较大。在此情况下，为了桥梁安全和计算简便，参考国内外相关规范，本规范采用式（4.2.2）计算主拱冲击系数。

4.2.3 地震效应的计算应符合现行《公路桥梁抗震设计细则》（JTG/T B02-01）的规定。

4.2.4 计算体系温差引起的效应时，宜按当地极端最高和最低温度确定。当桥位缺乏实际调查温度资料时，可按《公路桥涵设计通用规范》（JTG D60—2015）表4.3.12-2取值。温度变化值应自结构合龙时起算。合龙温度应为主拱钢管节段安装合龙成拱时的环境温度。

4.2.5 计算单管主拱截面的温差效应时，可采用图4.2.5a）的温度梯度曲线；计算哑铃型或桁式主拱上、下主管的温差效应时，可采用图4.2.5b）的温度梯度曲线。温度 T_1、T_2 应按表4.2.5取值。

表4.2.5 温度 T_1、T_2（℃）

钢管表面涂层	单管主拱		哑铃型或桁式主拱	
	T_1	T_2	T_1	T_2
深色（红色、灰色等）	12	6	8	0
浅色（白色、银白色等）	8	6	5	0

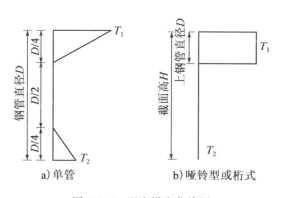

图4.2.5 温度梯度曲线图

条文说明

哑铃型或桁式主拱的温度梯度在主拱截面上的变化复杂，根据调查资料分析总结，结合相关规范对温度梯度的规定，哑铃型或桁式主拱按上、下主管温差5~8℃计算。

4.2.6 钢管混凝土拱桥风荷载计算应按现行《公路桥涵设计通用规范》（JTG D60）和《公路桥梁抗风设计规范》（JTG/T D60-01）执行。

4.3 主拱内力计算

4.3.1 单圆管混凝土主拱，宜采用梁单元计算；哑铃型钢管混凝土主拱，宜采用组合构件的梁单元计算；桁式主拱可采用桁式梁单元或将主拱简化为组合构件的梁单元进行计算。

条文说明

组合构件梁单元指结构计算时，将哑铃型的主管及连接板或桁式的主管及支管视为一个梁单元进行模拟。桁式梁单元指将桁式主拱的上、下主管及支管分别视为梁单元，主管和支管以刚性节点连接。

4.3.2 桁式主拱组合内力计算应符合下列规定：

1 当桁式主拱按桁式梁单元建模计算时，其主拱的组合内力应按式（4.3.2-1）、式（4.3.2-2）计算。桁式主拱计算参数如图4.3.2所示。

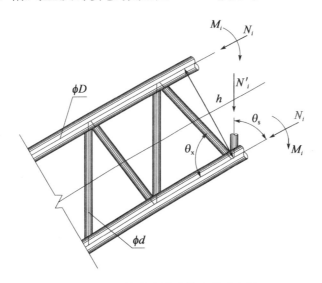

图4.3.2 桁式主拱计算参数示意图

组合轴力：
$$N = \sum (N_i + N_i' \cos\theta) \qquad (4.3.2\text{-}1)$$

组合弯矩：
$$M = \Delta N \times \frac{h}{2} + \sum M_i + \sum N_i' \times \frac{h}{2} \times \cos\theta \qquad (4.3.2\text{-}2)$$

式中：N_i——桁式主拱各主管轴向力设计值（kN）；

M_i——桁式主拱各主管的弯矩设计值（kN·m）；

ΔN——上弦主管轴向力设计值之和与下弦主管轴向力设计值之和的差值（kN）；

N_i'——桁式主拱各支管的轴向力设计值（kN）；

h——桁式主拱的主管重心之间的距离（m）；

θ——计算截面处主管与支管轴线间的夹角（°）。

2 当桁式主拱按组合构件梁单元直接计算主拱内力时，其参数按下列要求计算：

1）主拱组合截面抗弯惯性矩应计入支管的影响，其值按式（4.3.2-3）计算。

$$I_g = \frac{\frac{1}{2} \times h^2 \times L_0^2 \times A_{sc} \times A_f \times (\sin\theta_s \times \sin 2\theta_s + \sin\theta_x \times \sin 2\theta_x)}{L_0^2 \times A_f \times (\sin\theta_s \times \sin 2\theta_s + \sin\theta_x \times \sin 2\theta_x) + \frac{E_{sc}}{E_s} \times 4\pi^2 \times h^2 \times A_{sc}}$$

(4.3.2-3)

式中：I_g——单片主拱截面内抗弯惯性矩（m⁴）；当主拱采用两片主桁时，主拱截面内抗弯惯性矩为 $2I_g$；当主拱采用两肋（4片主桁）时，主拱截面内抗弯惯性矩为 $4I_g$；

L_0——主拱净跨径（m）；

h——计算截面处上弦与下弦主管重心之间的距离（m）；

A_f——支管截面面积（m²）；

A_{sc}——钢管混凝土组合截面面积（m²），$A_{sc} = \frac{\pi D^4}{4}$；

θ_s——计算截面处主管与竖支管轴线间的夹角（°）；

θ_x——计算截面处主管与斜支管轴线间的夹角（°）；

$\frac{E_{sc}}{E_s}$——主管组合材料与支管钢材的弹性模量比。

2）桁式主拱按组合构件梁单元建模计算时，桁式主拱组合构件计算的组合面积 $\sum A_{sc}$ 为各主弦钢管混凝土面积之和。

3）桁式主拱按组合构件梁单元建模计算时，桁式主拱组合构件计算的弹性模量 E_{sc} 为主钢管混凝土弹性模量的平均值。

4.3.3 哑铃型钢管混凝土主拱计算时，腹腔内的混凝土不应计入主拱截面受力，而仅计算其自重的影响。

条文说明

钢管混凝土哑铃型主拱，因为腹腔内混凝土不能采用压力灌注、混凝土收缩等因素，导致混凝土与上下弦主管、腹板无约束作用，主拱钢腹板应计入截面受力，而混凝土不能计入截面受力，只能计其自重，其计算参数如图4-1所示。

哑铃型主拱截面组合受力面积：

$$A'_{sc} = 2A_{sc} + A_{sf} \quad (4-2)$$

哑铃型主拱截面组合抗弯惯性矩：

$$I'_{sc} = 2I_{sc} + \frac{A_{sc}(H-D)^2}{2} + I_{sf} \quad (4-3)$$

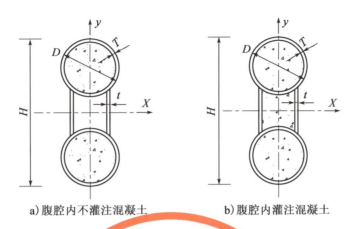

a) 腹腔内不灌注混凝土　　　　b) 腹腔内灌注混凝土

图 4-1　哑铃型主拱腹腔构造示意图

哑铃型主拱截面组合抗压弹性模量：

$$E'_{sc} = \frac{2E_{sc}A_{sc} + E_s A_{sf}}{A'_{sc}} \tag{4-4}$$

哑铃型主拱截面腹腔内无混凝土时的组合密度：

$$\rho'_{sc} = \frac{2\rho_{sc}A_{sc} + \rho_s A_{sf}}{A'_{sc}} \tag{4-5}$$

哑铃型主拱截面腹腔内灌混凝土时的组合密度：

$$\rho'_{sc} = \frac{2\rho_{sc}A_{sc} + \rho_s A_{sf} + \rho_c A_{cf}}{A'_{sc} + A_{cf}} \tag{4-6}$$

式中：A_{sc}——钢管混凝土组合截面面积（m²）；

I_{sc}——钢管混凝土组合截面惯性矩（m⁴）；

A_{sf}——哑铃型组合主拱截面中的钢腹板面积（m²）；

A_{cf}——哑铃型组合主拱截面中的腹腔内灌注混凝土后的混凝土面积（m²）；

I_{sf}——哑铃型组合主拱截面中的钢腹板抗弯惯性矩（m⁴）。

4.3.4 钢管混凝土双肋拱桥横向分配系数应按"杠杆法"计算；钢管混凝土多肋拱桥，横向分配系数宜按"偏心受压法"计算，也可按"杠杆法"计算。

条文说明

钢管混凝土拱桥的双肋主拱，由于横向间距较大，横向联系较弱，主拱肋的横向分配系数应该按照"杠杆法"计算；对于多肋拱桥，由于横撑间距变短，刚度增加，横向连接作用加强，因此，宜按"偏心受压法"计算横向分配系数，偏于保守计算，也可以采用"杠杆法"计算横向分配系数。

4.3.5 钢管混凝土主拱徐变内力及变形计算时，徐变系数可按照附录 A 计算，或按照主拱降温 15℃计算徐变影响。

条文说明

钢管内混凝土收缩，其对主拱内力的影响已经在钢管混凝土脱空折减系数中计入，因此，不再计算钢管混凝土收缩对主拱内力的影响。

根据不同试验研究成果，本规范提出的按主拱降温15℃计算徐变影响，与按附录A计算结果相当。

4.3.6 钢管混凝土等截面主拱的长细比 λ 应按式（4.3.6）计算。

$$\lambda = \frac{S_0}{i} \qquad (4.3.6)$$

式中：S_0——主拱的等效计算长度（m），可按表4.3.6计算；

i——主拱截面回转半径（m）。

表4.3.6 主拱的等效计算长度

拱的类型	计算长度 S_0	拱的类型	计算长度 S_0
三铰拱	$0.58 S_g$	无铰拱	$0.36 S_g$
双铰拱	$0.54 S_g$		

注：S_g——主拱轴线长度（m）。

4.3.7 钢管混凝土拱桥设计时，主拱截面的偏心距宜满足下列要求：

单管主拱：

$$\frac{e_0}{r} \leqslant 1.55 \qquad (4.3.7\text{-}1)$$

哑铃型主拱：

$$\frac{e_0}{i} \leqslant 1.70 \qquad (4.3.7\text{-}2)$$

桁式主拱：

$$\frac{e_0}{h} \leqslant \varepsilon_b \qquad (4.3.7\text{-}3)$$

式中：e_0——构件截面的偏心距（m），按式（4.3.7-4）计算；

$$e_0 = \frac{M}{N} \qquad (4.3.7\text{-}4)$$

M——构件截面最大弯矩；

N——构件截面最大弯矩对应的轴力；

r——钢管混凝土截面半径（m）；

i——主拱截面回转半径（m）；

h——主管重心之间的距离（m）；

ε_b——界限偏心率，按式（4.3.7-5）计算；

$$\varepsilon_\mathrm{b} = 0.5 + \frac{\xi}{1+\sqrt{\xi}} \qquad (4.3.7\text{-}5)$$

ξ——钢管混凝土的约束效应系数标准值。

条文说明

　　主拱可通过优化拱轴系数降低弯矩，保证主拱各构件为小偏心受压构件，因此，特作本条规定。

5 承载能力极限状态计算

5.1 一般规定

5.1.1 钢管混凝土单管主拱应进行单管受压构件承载力验算；哑铃型主拱应进行组合受压构件承载力验算；桁式主拱应分别进行单管受压构件和组合受压构件承载力验算。

5.1.2 承载能力极限状态计算时，钢管混凝土拱桥的安全等级应为一级。

5.1.3 钢管混凝土构件承载能力极限状态计算应按式（5.1.3）确定。

$$\gamma S \leqslant R \tag{5.1.3}$$

式中：S——作用效应的组合设计值；

R——构件承载力设计值；

γ——桥梁结构重要性系数，持久、短暂、偶然状况时，桥梁结构重要性系数取 $\gamma = 1.1$；地震状况时，桥梁结构重要性系数 γ 取值应符合表5.1.3的要求。

表 5.1.3 地震状况桥梁结构重要性系数

构件名称	主拱	立柱、横撑	节点连接
γ	0.75	0.80	0.85

注：当仅计算竖向地震作用时，地震状况桥梁结构重要性系数取1.0。

条文说明

通过试验研究、结合相关规范，地震荷载作用时，应根据结构各部位的易损性确定抗震调整系数的取值。

5.2 单管受压构件

5.2.1 钢管混凝土轴心受压构件的承载力应按式（5.2.1）验算。

$$\gamma N \leqslant \varphi_l K_p K_d f_{sc} A_{sc} \tag{5.2.1}$$

式中：γ——桥梁结构重要性系数或抗震调整系数，按本规范第 5.1.3 条取值；
　　　N——轴心受压构件轴向力设计值（10^3kN）；
　　　φ_l——长细比折减系数，按本规范第 5.2.3 条取值；
　　　K_p——钢管初应力折减系数，按本规范第 5.2.4 条计算；
　　　K_d——混凝土脱空折减系数，按本规范第 5.2.5 条取值；
　　　f_{sc}——钢管混凝土组合轴心抗压强度设计值（MPa），按本规范第 3.4.3 条计算；
　　　A_{sc}——钢管混凝土组合截面面积（m^2）。

5.2.2 钢管混凝土偏心受压构件的承载力应按式（5.2.2-1）验算。

$$\gamma N \leqslant \varphi_l \varphi_e K_p K_d f_{sc} A_{sc} \qquad (5.2.2\text{-}1)$$

式中：γ——桥梁结构重要性系数或抗震调整系数，按本规范第 5.1.3 条取值；
　　　N——压弯构件轴向力设计值（10^3kN）；
　　　φ_l——长细比折减系数，按本规范第 5.2.3 条取值；
　　　φ_e——弯矩折减系数，按式（5.2.2-2）计算；

$$\varphi_e = \frac{1}{1 + \dfrac{1.85\eta e_0}{r}} \qquad (5.2.2\text{-}2)$$

　　　η——偏心距增大系数，按式（5.2.2-3）计算；

$$\eta = \frac{1}{1 - 0.4\dfrac{N}{N_E}} \qquad (5.2.2\text{-}3)$$

　　　e_0——构件截面的偏心距（m），按式（4.3.7-4）计算；
　　　r——钢管混凝土组合截面的半径（m）；
　　　N_E——欧拉临界力（10^3kN），按式（5.2.2-4）计算；

$$N_E = \frac{\pi^2 E_{sc} A_{sc}}{\lambda^2} \qquad (5.2.2\text{-}4)$$

　　　λ——构件长细比；
　　　K_p——钢管初应力折减系数，按本规范第 5.2.4 条计算；
　　　K_d——混凝土脱空折减系数，按本规范第 5.2.5 条取值；
　　　f_{sc}——钢管混凝土组合轴心抗压强度设计值（MPa），按本规范第 3.4.3 条计算；
　　　A_{sc}——钢管混凝土组合截面面积（m^2）。

条文说明

对于单管主拱及桁式主拱的单肢构件，其材料、几何非线性影响显著，因此，单管受压构件承载能力验算时，应在弯矩折减系数 φ_e 的表达式中计入材料、几何非线性影响。根据《桥梁结构稳定与振动》（中国铁道出版社，1996 年）、四川省交通科技项目研究报告《拱桥偏心距增大系数研究报告》（2011 年）等资料，结合单肢钢管混凝土受力的特点，提出了偏心距增大系数计算方法。

5.2.3 受压构件长细比折减系数 φ_l（φ_l'）应按表5.2.3取值。

表5.2.3 长细比折减系数 φ_l（φ_l'）

钢材牌号	混凝土强度等级	a_s	长细比 λ								
			20	30	40	50	60	70	80	90	100
Q235	C30	0.04	0.972	0.923	0.875	0.828	0.783	0.739	0.696	0.654	0.614
		0.08	0.975	0.930	0.886	0.843	0.800	0.758	0.716	0.675	0.635
		0.12	0.977	0.935	0.893	0.852	0.810	0.769	0.729	0.688	0.648
		0.16	0.978	0.938	0.898	0.858	0.818	0.778	0.738	0.697	0.657
		0.20	0.980	0.941	0.902	0.863	0.824	0.784	0.745	0.704	0.664
	C40	0.04	0.957	0.901	0.847	0.795	0.746	0.699	0.655	0.613	0.573
		0.08	0.960	0.908	0.858	0.809	0.762	0.717	0.674	0.632	0.593
		0.12	0.962	0.913	0.864	0.818	0.772	0.728	0.685	0.644	0.604
		0.16	0.964	0.916	0.869	0.824	0.779	0.736	0.694	0.653	0.613
		0.20	0.966	0.919	0.874	0.829	0.785	0.742	0.700	0.660	0.620
Q345	C40	0.04	0.961	0.911	0.860	0.811	0.762	0.713	0.666	0.618	0.547
		0.08	0.966	0.921	0.875	0.829	0.782	0.736	0.688	0.640	0.566
		0.12	0.969	0.927	0.884	0.840	0.795	0.749	0.702	0.653	0.578
		0.16	0.972	0.932	0.891	0.848	0.804	0.759	0.711	0.663	0.586
		0.20	0.974	0.936	0.896	0.855	0.811	0.766	0.719	0.670	0.593
	C50	0.04	0.950	0.893	0.837	0.784	0.733	0.683	0.635	0.589	0.521
		0.08	0.954	0.903	0.852	0.802	0.753	0.704	0.657	0.610	0.539
		0.12	0.958	0.909	0.861	0.812	0.765	0.717	0.669	0.622	0.550
		0.16	0.961	0.914	0.867	0.820	0.773	0.726	0.679	0.631	0.558
		0.20	0.963	0.918	0.873	0.827	0.780	0.733	0.686	0.638	0.564
	C60	0.04	0.938	0.876	0.817	0.760	0.707	0.656	0.608	0.563	0.498
		0.08	0.943	0.886	0.831	0.777	0.726	0.676	0.629	0.583	0.515
		0.12	0.947	0.892	0.839	0.788	0.737	0.688	0.641	0.595	0.526
		0.16	0.950	0.897	0.846	0.795	0.746	0.697	0.650	0.603	0.533
		0.20	0.952	0.901	0.851	0.801	0.752	0.704	0.657	0.610	0.539
	C70	0.04	0.928	0.862	0.799	0.740	0.685	0.634	0.586	0.542	0.479
		0.08	0.934	0.872	0.813	0.757	0.704	0.653	0.606	0.561	0.496
		0.12	0.937	0.878	0.821	0.767	0.715	0.665	0.617	0.572	0.506
		0.16	0.940	0.883	0.828	0.774	0.723	0.674	0.626	0.581	0.513
		0.20	0.943	0.887	0.833	0.780	0.729	0.680	0.633	0.587	0.519

续表 5.2.3

钢材牌号	混凝土强度等级	a_s	长细比 λ								
			20	30	40	50	60	70	80	90	100
Q345	C80	0.04	0.920	0.850	0.785	0.724	0.668	0.616	0.568	0.524	0.463
		0.08	0.926	0.860	0.799	0.740	0.686	0.634	0.587	0.543	0.480
		0.12	0.929	0.866	0.807	0.750	0.696	0.646	0.598	0.554	0.490
		0.16	0.932	0.871	0.813	0.757	0.704	0.654	0.607	0.562	0.497
		0.20	0.935	0.875	0.818	0.763	0.711	0.661	0.613	0.568	0.502
Q390	C50	0.04	0.950	0.895	0.840	0.786	0.734	0.683	0.633	0.576	0.494
		0.08	0.956	0.906	0.855	0.805	0.755	0.705	0.655	0.597	0.512
		0.12	0.960	0.913	0.865	0.817	0.768	0.718	0.668	0.609	0.522
		0.16	0.963	0.918	0.872	0.825	0.777	0.728	0.678	0.618	0.530
		0.20	0.965	0.922	0.878	0.832	0.785	0.736	0.685	0.625	0.536
	C60	0.04	0.939	0.877	0.818	0.761	0.707	0.655	0.606	0.551	0.472
		0.08	0.944	0.888	0.833	0.779	0.727	0.676	0.627	0.570	0.489
		0.12	0.948	0.895	0.842	0.790	0.739	0.689	0.639	0.582	0.499
		0.16	0.951	0.900	0.849	0.798	0.748	0.698	0.648	0.590	0.506
		0.20	0.954	0.905	0.855	0.805	0.755	0.705	0.656	0.597	0.512
	C70	0.04	0.928	0.862	0.799	0.740	0.684	0.632	0.583	0.530	0.454
		0.08	0.934	0.873	0.814	0.758	0.704	0.652	0.603	0.549	0.470
		0.12	0.938	0.880	0.823	0.768	0.716	0.665	0.615	0.560	0.480
		0.16	0.942	0.885	0.830	0.776	0.724	0.673	0.624	0.568	0.487
		0.20	0.945	0.890	0.836	0.783	0.731	0.680	0.631	0.574	0.492
	C80	0.04	0.920	0.850	0.784	0.723	0.666	0.613	0.565	0.513	0.440
		0.08	0.926	0.860	0.799	0.740	0.685	0.633	0.584	0.531	0.455
		0.12	0.930	0.867	0.808	0.751	0.696	0.645	0.596	0.542	0.465
		0.16	0.933	0.872	0.814	0.758	0.705	0.653	0.604	0.550	0.471
		0.20	0.936	0.877	0.820	0.764	0.711	0.660	0.611	0.556	0.477

注：1. 当长细比位于中间值时，φ_l 可采用插入法求得。

2. 对组合构件的换算长细比折减系数 φ_l'，应按钢管内混凝土强度等级、λ_{0y} 与 λ_{0x} 和组合构件平均含钢率查表而得。

5.2.4 钢管混凝土构件钢管初应力折减系数 K_p 应按式（5.2.4-1）计算。

$$K_p = 1.0 - 0.15\omega \quad (5.2.4\text{-}1)$$

式中：ω——钢管初应力度，按式（5.2.4-2）计算，ω 不应超过 0.65；

$$\omega = \frac{\sigma_0}{f_{sd}} \quad (5.2.4\text{-}2)$$

σ_0——钢管初应力（MPa），取主拱钢管截面初应力的最大值；
f_{sd}——钢材的强度设计值（MPa）。

条文说明

四川省交通运输厅公路规划勘察设计研究院、福州大学、清华大学、重庆交通大学等单位研究表明，稳定折减系数、偏心距、主拱形式、跨径大小、构件长细比、含钢率和管内混凝土强度等级等因素，将综合影响钢管初应力对钢管混凝土的承载能力。因此，各研究团队分别提出了钢管初应力对钢管混凝土构件承载能力影响的计算公式。

因钢管内混凝土对钢管的支撑作用，钢管壁的局部和整体稳定性提高，稳定折减系数较大，而钢管初应力水平较低，钢管不容易出现失稳，因此，初应力度计算式可以不计稳定折减系数。主拱形式、跨径大小、构件长细比、含钢率、管内混凝土强度等级等因素，对初应力影响较小，初应力度计算式不考虑。因此，本规范拟定了钢管混凝土构件在偏心作用下的钢管最大初应力与初应力度的数学计算关系式。

当钢管最大初应力度超过 0.65 时，对钢管混凝土承载能力及变形影响较大，特对钢管初应力度提出限制值。当大于 0.65 时，应重新拟定钢管截面。

5.2.5 钢管混凝土承载能力极限状态验算时，应计入钢管内混凝土脱空影响，脱空折减系数 K_d 取值 0.95，并应符合下列要求：

1 当钢管混凝土球冠型脱空率大于 0.6%，或脱空高度大于 5mm 时，应对钢管内混凝土脱空缺陷进行修补灌注。
2 钢管混凝土主拱不得出现周边均匀型脱空的缺陷。

条文说明

钢管混凝土构件常见的脱空形式主要有球冠型和周边均匀型脱空。钢管混凝土拱桥主拱管内混凝土脱空类型主要为球冠型，如图5-1所示。为简化计算，Ⅰ类、Ⅱ类球冠型脱空面积均按Ⅰ类球冠型计算。

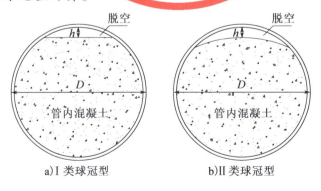

a) Ⅰ类球冠型　　　　b) Ⅱ类球冠型

图 5-1　球冠型脱空形式

试验研究表明，当脱空率大于 0.6% 时，核心混凝土支撑钢管的作用减弱，对钢管混凝土承载能力和刚度影响较大,应补充灌注脱空缺陷。当钢管混凝土脱空率小于0.6%,但钢管混凝土脱空高度 h 大于5mm时,具备补充灌注脱空缺陷的工艺条件,因此,还规定了脱空高度限值。

5.3 组合受压构件

5.3.1 当等截面主拱按组合受压构件验算时,其轴心受压承载力应按式(5.3.1)验算。

$$\gamma N \leqslant \varphi'_l \Sigma \left(K_p^i K_d f_{sc} A_{sc} \right) \tag{5.3.1}$$

式中:γ——桥梁结构重要性系数或抗震调整系数,按本规范第5.1.3条取值;

N——组合受压构件轴向力设计值(10^3kN);

K_p^i——单肢钢管的最大初应力折减系数,按本规范第5.2.4条计算;

K_d——单肢钢管混凝土脱空折减系数,按本规范第5.2.5条取值;

φ'_l——组合构件换算长细比折减系数,根据组合受压构件的换算长细比 λ_{0y}、λ_{0x},按表5.3.1-1、表5.3.1-2计算;

f_{sc}——单管钢管混凝土组合轴心抗压强度设计值(MPa),按本规范第3.4.3条计算;

A_{sc}——单管钢管混凝土组合截面积(m²)。

1 当组合受压构件的主管截面不相同时,其换算长细比按可表5.3.1-1计算。

表5.3.1-1 组合构件换算长细比(一)

主管类别	主管截面形式	支管类别(空心管)	计 算 公 式
双管		斜支管	$\lambda_{0y} = \sqrt{\lambda_y^2 + 13.5 \times \dfrac{2.5\sum\limits_{i=1}^{2} A_{si}}{A_f}}$
三管		斜支管	$\lambda_{0y} = \sqrt{\lambda_y^2 + 27 \times \dfrac{2.5\sum\limits_{i=1}^{3} A_{si}}{A_f}}$

续表 5.3.1-1

主管类别	主管截面形式	支管类别（空心管）	计 算 公 式
四管	（四管截面示意图，a_1、a_2、b）	斜支管	$\lambda_{0y} = \sqrt{\lambda_y^2 + 13.5 \times \dfrac{2.5\sum_{i=1}^{4} A_{si}}{A_f}}$ $\lambda_{0x} = \sqrt{\lambda_x^2 + 13.5 \times \dfrac{2.5\sum_{i=1}^{4} A_{si}}{A_f}}$

表中：λ_x——钢管混凝土组合构件主管对 x-x 轴的长细比，$\lambda_x = L_{0x} \Big/ \sqrt{\dfrac{I_x}{\sum A_{sc}}}$；

λ_y——钢管混凝土组合构件主管对 y-y 轴的长细比，$\lambda_y = L_{0y} \Big/ \sqrt{\dfrac{I_y}{\sum A_{sc}}}$；

A_{si}——各主管的钢管截面面积（m^2）。

2　当组合受压构件的各主管截面相同时，其换算长细比按可表5.3.1-2计算。

表 5.3.1-2　组合构件换算长细比（二）

主管类别	主管截面形式	支管类别（空心管）	计 算 公 式
双管	（双管截面示意图，h）	直支管	$\lambda_{0y} = \sqrt{\lambda_y^2 + 17\lambda_1^2}$
双管		斜支管	$\lambda_{0y} = \sqrt{\lambda_y^2 + 67.5\dfrac{A_s}{A_f}}$
三管	（三管截面示意图，a_1、a_2、b、θ）	斜支管	$\lambda_{0y} = \sqrt{\lambda_y^2 + 200\dfrac{A_s}{A_f}}$

续表 5.3.1-2

主管类别	主管截面形式	支管类别（空心管）	计 算 公 式
四管	（图：四管截面，标注 a_1, a_2, b, x-x, y-y 轴）	直支管	$\lambda_{0y} = \sqrt{\lambda_y^2 + 17\lambda_1^2}$ $\lambda_{0x} = \sqrt{\lambda_x^2 + 17\lambda_1^2}$
		斜支管	$\lambda_{0y} = \sqrt{\lambda_y^2 + 135\dfrac{A_s}{A_f}}$ $\lambda_{0x} = \sqrt{\lambda_x^2 + 135\dfrac{A_s}{A_f}}$

表中：λ_x——钢管混凝土组合构件主管对 x-x 轴的长细比，$\lambda_x = L_{0x}\big/\sqrt{\dfrac{I_x}{\sum A_{sc}}}$；

λ_y——钢管混凝土组合构件主管对 y-y 轴的长细比，$\lambda_y = L_{0y}\big/\sqrt{\dfrac{I_y}{\sum A_{sc}}}$；

λ_1——单肢钢管混凝土柱一个节间的长细比，$\lambda_1 = l_1\big/\sqrt{\dfrac{I_{sc}}{A_{sc}}}$；

A_s——单根主管的钢管截面面积（m^2）；

A_f——单根支管的钢管截面面积（m^2）；

I_{sc}——钢管混凝土截面惯性矩（m^4）；

I_x——组合构件主管对 x-x 轴的截面惯性矩（m^4），$I_x = \sum_{i=1}^{n}(I_{sc} + b_i^2 A_{sc})$；

I_y——组合构件主管对 y-y 轴的截面惯性矩（m^4），$I_y = \sum_{i=1}^{n}(I_{sc} + a_i^2 A_{sc})$；

a_i、b_i——主管中心到虚轴 y-y 和 x-x 的距离（m）；

l_1——柱肢的节间距离（m）；

L_{0x}——组合构件主管对 x-x 轴的计算长度（m）；

L_{0y}——组合构件主管对 y-y 轴的计算长度（m）；

n——主管根数。

条文说明

组合受压构件的主拱，当各主管的钢管外径、壁厚、材质以及钢管内混凝土强度等级等完全相同时，称组合受压构件的各主管截面相同；否则，称组合受压构件的主管截面不相同。

5.3.2 等截面哑铃型主拱或桁式主拱，当按组合受压构件验算时，其偏心受压承载力应按式（5.3.2-1）验算。

$$\gamma N \leqslant \varphi_l' \varphi_e' \Sigma(K_p^i K_d f_{sc} A_{sc}) \tag{5.3.2-1}$$

式中：γ——桥梁结构重要性系数或抗震调整系数，按本规范第 5.1.3 条取值；

φ'_l——主拱组合构件长细比折减系数，应按表 5.2.3 取值；

φ'_e——组合构件弯矩折减系数，对于跨径小于 300m 的钢管混凝土拱桥，可按表 5.3.2 计算；

N——偏心受压构件轴向力设计值（10^3kN）；

K_p^i——单肢钢管的最大初应力折减系数，按本规范第 5.2.4 条计算；

K_d——单肢钢管混凝土脱空折减系数，按本规范第 5.2.5 条取值；

f_{sc}——钢管混凝土组合轴心抗压强度设计值（MPa），按本规范第 3.4.3 条计算；

A_{sc}——钢管混凝土组合截面面积（m^2）。

表 5.3.2 弯矩折减系数 φ'_e

拱肋形式	公式条件	计算公式
哑铃型	$\dfrac{e_0}{i} \leq 1.7$	$\varphi'_e = \dfrac{1}{1 + 1.41 \dfrac{e_0}{i}}$
桁式	$\dfrac{e_0}{h} \leq \varepsilon_b$	$\varphi'_e = \dfrac{1}{1 + 2 \dfrac{e_0}{h}}$

表中：i——组合截面的回转半径（m）；

h——在弯矩作用平面内的柱肢重心之间的距离（m）；

ε_b——界限偏心率；

e_0——构件截面的偏心距（m）。

5.3.3 对于跨径大于 300m 的钢管混凝土拱桥，弯矩折减系数 φ'_e 应按式（5.3.3-1）、式（5.3.3-2）计算。

哑铃型：

$$\varphi'_e = \dfrac{1}{1 + \dfrac{1.41\eta e_0}{i}} \quad (5.3.3\text{-}1)$$

桁式：

$$\varphi'_e = \dfrac{1}{1 + \dfrac{2\eta e_0}{h}} \quad (5.3.3\text{-}2)$$

式中：η——偏心距增大系数，按式（5.3.3-3）计算；

$$\eta = \dfrac{1}{1 - \varphi'_l \dfrac{N}{N_E}} \quad (5.3.3\text{-}3)$$

φ'_l——主拱组合构件长细比折减系数，按表 5.2.3 取值；

N——主拱的轴向力设计值（10^3kN）；

N_E——主拱的欧拉临界力（10^3kN），按式（5.3.3-4）计算；

$$N_E = \pi^2 \sum \frac{E_{sc}A_{sc}}{\lambda^2} \quad (5.3.3\text{-}4)$$

λ——主拱组合截面构件的换算长细比；
E_{sc}——钢管混凝土组合截面弹性轴压模量（MPa）；
A_{sc}——钢管混凝土组合截面面积（m²）；
e_0——构件截面的偏心距（m）；
h——在弯矩作用平面内的柱肢重心之间的距离（m）。

条文说明

根据《桥梁结构稳定与振动》（中国铁道出版社，1996年）、四川省交通科技项目研究报告《拱桥偏心距增大系数研究报告》（2011年）等资料，结合钢管混凝土拱桥的受力特点，提出了组合受压构件偏心距增大系数的计算方法。

5.3.4 变截面主拱，按组合受压构件计算时，应等效为等截面的组合主拱后，再按本规范第5.3.2条、第5.3.3条的规定，验算主拱 $L/4$ 截面的强度，等效截面组合主拱两端的作用力取主拱 $L/4$ 截面处的弯矩和轴力。等效截面组合主拱的参数宜按下列规定计算：

1 等效截面的惯性矩 I_{eq} 按式（5.3.4-1）计算。

$$I_{eq} = \frac{I_j}{3J} \quad (5.3.4\text{-}1)$$

式中：I_{eq}——等效截面惯性矩（m⁴）；
J——计算参数，按式（5.3.4-2）计算；

$$J = \frac{1}{\left(\sqrt[3]{I_k/I_j} - 1\right)^2}\left[\frac{\ln\left(\sqrt[3]{I_k/I_j}\right)}{\sqrt[3]{I_k/I_j} - 1} - \frac{3\sqrt[3]{I_k/I_j} - 1}{2\left(\sqrt[3]{I_k/I_j}\right)^2}\right] \quad (5.3.4\text{-}2)$$

I_j、I_k——变截面组合主拱拱顶、拱脚组合截面的惯性矩（m⁴）。

2 等效截面的高度 h_{eq} 按式（5.3.4-3）计算。

$$h_{eq} = 2\sqrt{i_{eq}^2 - i_i^2} \quad (5.3.4\text{-}3)$$

式中：h_{eq}——主拱的等效截面高度（m）；
i_{eq}——等效截面回转半径（m），按式（5.3.4-4）计算；

$$i_{eq} = \sqrt{\frac{I_{eq}}{\sum A_i}} \quad (5.3.4\text{-}4)$$

i_i——单肢主管截面回转半径（m），按式（5.3.4-5）计算。

$$i_i = \sqrt{\frac{I_i}{A_i}} \quad (5.3.4\text{-}5)$$

3 等效长细比 λ_{eq} 按式（5.3.4-6）计算。

$$\lambda_{eq} = \frac{S_0}{i_{eq}} \tag{5.3.4-6}$$

式中：λ_{eq}——等效截面长细比；

S_0——拱轴线等效计算长度（m）；

i_{eq}——等效截面回转半径（m）。

条文说明

根据谢邦珠、雷作樵《变刚度直杆单元刚度矩阵及其应用》（西南公路，1993年第2期）资料介绍，结合已有工程计算经验，提出了变截面组合主拱等效截面参数近似计算方法。等代刚度 h_{eq} 是利用变截面主桁计算模型，将桁高假定为 $\alpha_0 h_i$，假定 $P=1$ 试算拱顶挠度 δ_i，直至与变截面（$P=1$）拱顶 δ 相近，此时的 $h_i = h_{eq}$。

由于主拱为变截面，且主拱拱顶、拱脚截面高度取值符合本规范要求，同时，又采用空间有限元分析了主拱材料、几何非线性的稳定极限承载能力，根据《桥梁结构稳定与振动》（中国铁道出版社，1996年）分析，验算变截面主拱强度时只需要验算 $\frac{L}{4}$ 处的截面。

5.3.5 对于主跨大于300m的钢管混凝土拱桥，主拱整体极限承载能力验算应计入材料、几何非线性影响。

5.4 轴心受拉构件

5.4.1 钢管混凝土轴心受拉构件承载力应按式（5.4.1）验算。

$$\gamma N \leqslant (1.1 - 0.4 a_s) A_s f_{sd} \tag{5.4.1}$$

式中：γ——轴心受拉构件重要性系数，取 $\gamma = 1.1$；

N——轴心受拉构件轴向力设计值（10^3 kN）；

a_s——受拉构件截面的含钢率；

A_s——钢管混凝土钢管的截面面积（m²）；

f_{sd}——钢材的抗拉强度设计值（MPa）。

条文说明

四川省交通运输厅公路规划勘察设计研究院、清华大学的试验研究表明，钢管混凝土轴向受拉主要由钢管承受，钢管内混凝土支撑、抑制钢管颈缩现象，使钢管处于轴向受拉和径向受压的状态，提高轴向受拉承载能力。本条提出的式（5.4.1）是经过试验和有限元分析得出的。

5.5 受剪构件

5.5.1 钢管混凝土构件的抗剪承载力应按式（5.5.1）计算。

$$\gamma V \leq \gamma_v A_{sc} \tau_{sc} \tag{5.5.1}$$

式中：γ——桥梁结构重要性系数或抗震调整系数，按本规范第5.1.3条取值；
V——组合截面剪力设计值（10^3kN）；
γ_v——截面抗剪修正系数，当$\xi \geq 0.85$时，$\gamma_v = 0.85$；当$\xi < 0.85$时，$\gamma_v = 1.0$；
A_{sc}——钢管混凝土组合截面面积（m²）；
τ_{sc}——钢管混凝土组合抗剪强度设计值（MPa）。

5.6 节点承载力计算

5.6.1 空心主管的节点承载力应按表5.6.1计算。

表5.6.1 节点承载力（支管承载力限值）

序号	节点形式	节点承载力 支管受压时	节点承载力 支管受拉时	适用范围
1	X形节点	$N_c = \dfrac{5.45}{(1-0.81\beta)\sin\theta}\phi_n T^2 f_{sd}$	$N_t = 0.78\left(\dfrac{D}{T}\right)^{0.2} N_c$	$0.2 \leq \beta \leq 1.0$ $\dfrac{D}{T} \leq 100$ $\dfrac{d}{t} \leq 60$ $\theta \geq 30°$
2	T形和Y形	$N_c = \dfrac{11.51}{\sin\theta}\left(\dfrac{D}{T}\right)^{0.2}\phi_n \phi_d T^2 f_{sd}$	当$\beta \leq 0.6$时 $N_t = 1.4 N_c$ 当$\beta > 0.6$时 $N_t = (2-\beta) N_c$	
3	N形和K形节点	$N_c = \dfrac{11.51}{\sin\theta_c}\left(\dfrac{D}{T}\right)^{0.2}\phi_n \phi_d \phi_a T^2 f_{sd}$	$N_t = \dfrac{\sin\theta_c}{\sin\theta_t} N_c$	

表中：N_c——支管受压时的节点承载力（10^{-3} kN）；

N_t——支管受拉时的节点承载力（10^{-3} kN）；

β——支管与主管外径之比，即 $\beta = \dfrac{d}{D}$；

θ_c——受压支管轴线与主管轴线的夹角（°）；

θ_t——受拉支管轴线与主管轴线的夹角（°）；

ϕ_n——参数，按式（5.6.1-1）计算；

$$\phi_n = 1 - 0.3\dfrac{\sigma}{f_y} - 0.3\left(\dfrac{\sigma}{f_y}\right)^2 \quad (5.6.1\text{-}1)$$

当节点两侧或一侧主管受拉时，取 $\phi_n = 1.0$；

T——主管的壁厚（mm）；

t——支管的壁厚（mm）；

f_{sd}——钢材的强度设计值（MPa）；

f_y——钢材的屈服强度（MPa）；

σ——节点两侧主管轴心压应力的较小绝对值（MPa）；

ϕ_d——参数，按式（5.6.1-2）和式（5.6.1-3）计算：

当 $\beta \leqslant 0.7$ 时，$\phi_d = 0.069 + 0.93\beta$ （5.6.1-2）

当 $\beta > 0.7$ 时，$\phi_d = 2\beta - 0.68$ （5.6.1-3）

ϕ_a——参数，按式（5.6.1-4）计算；

$$\phi_a = 1 + \left(\dfrac{2.19}{1 + 7.5\dfrac{g}{D}}\right)\left(1 - \dfrac{20.1}{6.6 + \dfrac{D}{T}}\right)(1 - 0.77\beta) \quad (5.6.1\text{-}4)$$

g——两支管间的间隙（mm）；

D——主管外径（mm）。

条文说明

钢管混凝土桁式拱桥的节点有 X、T、Y、K、N 形，主拱的主管内灌注混凝土，支管为空心管。空心支管与主管的连接采用相贯焊接。

主拱主管的钢管混凝土分期形成，主管内混凝土灌注前后，其节点破坏行为各不相同。主拱钢管混凝土灌注前，节点破坏为主管冲剪或塑性失效破坏，因此，需要控制支管内力的大小，保证节点的承载能力安全。

5.6.2 桁式主拱，其受压支管应满足下列要求：

1 受压支管径厚比宜满足表 5.6.2-1 的要求。

表 5.6.2-1 受压支管径厚比限值

钢材牌号	径厚比	钢材牌号	径厚比
Q235	$d/t \leq 40$	Q390	$d/t \leq 25$
Q345	$d/t \leq 35$		

2 受压支管径厚比不满足表 5.6.2-1 要求时，其承载力应按表 5.6.2-2 的系数折减。

表 5.6.2-2 受压支管承载力折减系数

钢材牌号	径厚比						
	30	35	40	45	50	60	70
Q235	1.0	1.0	1.0	0.98	0.93	0.88	0.82
Q345	1.0	1.0	0.96	0.88	0.86	0.82	0.78
Q390	0.98	0.88	0.85	0.78	0.76	0.73	0.70

注：当径厚比位于中间值时，承载力折减系数可采用插入法求得。

条文说明

主拱主管灌注混凝土后，桁式主拱节点承载力提高，节点破坏行为为支管压溃破坏，因此，需要控制支管的稳定承载力；为了避免支管受压破坏，需要控制受压支管的径厚比。当受压支管的径厚比不满足表 5.6.2-1 的规定时，应按表 5.6.2-2 的规定对受压支管的承载力进行折减。

5.7 节点及连接疲劳验算

5.7.1 对管—管相贯、管—板连接和管—管对接三类焊接接头的细节构造，应进行节点疲劳验算。

5.7.2 疲劳荷载应采用等效的车道荷载，集中荷载为 $0.7P_k$，均布荷载为 $0.3q_k$。P_k 和 q_k 应按现行《公路桥涵设计通用规范》（JTG D60）取值。疲劳荷载应加载在最不利的荷载位置，并按规定计算疲劳荷载的冲击系数作用。

条文说明

疲劳荷载采用《公路钢结构桥梁设计规范》（JTG D64）的疲劳荷载模型 I，验算钢管混凝土拱桥主拱各构件的疲劳强度；钢管混凝土拱桥的主拱仅存在承受整体荷载产生的疲劳问题，而没有直接承受车轮荷载作用的局部疲劳现象。

5.7.3 疲劳验算所采用的应力幅 $\Delta\sigma$ 应为构件在疲劳荷载作用下的名义应力

$\left(\sigma = \dfrac{N}{A} \pm \dfrac{M}{W}\right)$ 最大变化幅度，疲劳验算应按式（5.7.3）进行。

$$\Delta\sigma = |\sigma_{\max} - \sigma_{\min}| \leq [\sigma_0] \tag{5.7.3}$$

式中：$\Delta\sigma$——疲劳应力幅（MPa）；

[σ_0]——疲劳容许应力幅（MPa），按本规范第5.7.4条取值；

$\sigma_{\max}$、$\sigma_{\min}$——最大应力和最小应力（MPa），疲劳荷载应计入多车道折减的影响。

对于钢管混凝土受拉构件，不计入管内混凝土的作用。

5.7.4 节点及连接疲劳容许应力幅应满足表5.7.4的要求。

表5.7.4 节点及连接疲劳容许应力幅

类别	节点及连接构造形式	加工质量要求	疲劳容许应力幅 [σ_0]（MPa）	检算部位和内容
1	T、Y、K、N相贯管节点	采用相贯线切割机开制相贯线坡口，全熔透焊缝连接。焊趾处需焊后修磨。超声波探伤B级检验I级合格	50	非连接处支管正截面应力
2	板—管焊接节点	管—板T形接头采用坡口全熔透焊缝。节点板两端打磨匀顺，打磨范围及要求参见现行《铁路桥梁钢结构设计规范》（TB 10002.2）	80	按常规方法验算焊接接头处应力
3	受拉空心圆管对接（仅限次要杆件）	环焊缝单面全熔透对接接头，内设钢衬环	50	接头处正截面应力

注：表中的疲劳容许应力幅 [σ_0] 为 $N = 2 \times 10^6$ 次等幅加载的疲劳容许应力。

条文说明

焊接节点的疲劳寿命取决于节点类型、节点荷载及节点的细节构造。

关于钢管混凝土节点及连接疲劳验算，国外管结构的疲劳验算均指空心管结构。根据国内钢管混凝土节点及连接疲劳试验研究成果，结合钢桥疲劳验算的通用方法，通过分析和总结，本条分别对不同的钢管混凝土节点及连接构造形式，提出了 $N = 2 \times 10^6$ 次等幅加载的疲劳容许应力幅 [σ_0]，同时规定了疲劳应力检算部位，以方便设计者使用。表5.7.4中提出的疲劳容许应力幅限值，是根据钢管混凝土节点疲劳试验成果总结确定的。

5.8 吊索和系杆索计算

5.8.1 中、下承式钢管混凝土拱桥吊索和系杆索承载能力，应按式（5.8.1）的要求计算。

$$N \leqslant \frac{1}{\gamma_s} f_{pk} A_s \tag{5.8.1}$$

式中：N——吊索、系杆索受拉轴向力设计值（10^3 kN）；
γ_s——综合系数，不应小于表5.8.1的规定值；
f_{pk}——吊索、系杆索抗拉强度标准值（MPa）；
A_s——吊索、系杆索钢丝的截面面积（m²）。

表5.8.1 吊索和系杆索的综合系数 γ_s

材料类别		持久状况	短暂状况	偶然状况、地震状况
吊索	钢丝、钢绞线	2.5	2.0	1.5
	钢丝绳	3.0	2.4	1.8
系杆索	钢丝、钢绞线	2.0	1.8	1.5

条文说明

中、下承式钢管混凝土拱桥吊索和系杆索的综合系数 γ_s 的取值，直接影响桥梁的安全性和耐久性。吊索一般穿过主拱和桥面梁，直接支撑桥面系，其工作环境条件最差。总结多年设计经验，本条规定了吊索、系杆索安全需要的最小综合系数。

5.8.2 选用钢丝绳作吊索时，其构造、锚固和保护技术等应按悬索桥规范关于钢丝绳吊索的有关规定执行。

5.9 主拱稳定性分析

5.9.1 在施工和使用阶段，应根据拱桥的结构特点、施工方法和不同工况状态，对钢管混凝土主拱的整体和局部进行弹性稳定分析。主拱弹性整体稳定系数不应小于4.0，局部构件稳定系数不应小于主拱弹性整体稳定系数。

条文说明

钢管混凝土拱桥跨度较大，主拱构件较多，要求钢管混凝土拱桥的弹性稳定系数采用有限元分析软件等工具进行计算。弹性稳定分析通过求解特征值，得到主拱临界荷载与设计荷载的比值，即弹性稳定系数。

钢管混凝土拱桥的主拱宽跨比较小，面外刚度往往相对较低，一阶失稳模态表现为面外失稳,因此弹性稳定分析时,需要建立空间有限元模型。

钢管混凝土拱桥主拱的构件通常为细长杆件结构,当局部构件失稳先于整体结构失稳时,导致主拱整体稳定系数大大降低,因此,局部构件稳定系数不应小于主拱整体稳定系数。

5.9.2 对跨径大于300m的钢管混凝土拱桥,使用阶段应计入几何、材料非线性影响。

1 材料非线性的影响采用修正钢管混凝土主拱轴压刚度的方式计入,主拱修正轴压刚度(EA)应按式(5.9.2-1)计算。

$$EA = 0.85 E_{sc} A_{sc} \tag{5.9.2-1}$$

式中:E_{sc}——钢管混凝土组合弹性轴压模量(MPa);

A_{sc}——钢管混凝土的组合截面面积(m^2)。

2 几何非线性影响中应计入主拱的初始缺陷,主拱最大横向偏位值应符合式(5.9.2-2)的要求。

$$\delta = \frac{L}{5\,000} \tag{5.9.2-2}$$

式中:δ——主拱最大横向偏位值(cm);

L——主拱的净跨径(cm)。

3 计入非线性影响的主拱非线性稳定安全系数不应小于1.75。钢管混凝土本构关系应按附录B执行。

条文说明

主拱的稳定极限承载力分析在计入材料、几何非线性的影响时,其破坏过程为:在弹性阶段结构加载时,主拱保持一种平衡状态;随着荷载的增加,主拱的变形不断增大,当荷载达到一定值时,主拱在应力较大的区域出现塑性变形,刚度下降,变形速度加快;当荷载达到峰值时,荷载不变或增加很少,而主拱的变形仍继续增大,最终达到破坏。这一荷载峰值即为主拱的稳定极限承载力,又称为压溃荷载,它与设计荷载的比值,往往比弹性稳定系数小。

钢管和管内混凝土视为同一种材料,材料的本构关系采用"统一理论"模型。计入材料、几何非线性的影响,进行钢管混凝土拱桥主拱稳定极限承载力分析时,钢管初应力、脱空率、安装误差等非线性影响因素,可采用钢管混凝土构件组合轴压刚度的修正,并引入初始缺陷的方法实现。对钢管混凝土构件组合轴压刚度的修正,即反映钢管混凝土材料本构关系的应力—应变关系曲线进行修正。初始缺陷可采用引入屈曲分析的第1或第2阶失稳模态向量的方法模拟。

材料、几何非线性的计算方法是根据巫山长江大桥、合江长江一桥、万县长江大桥、广元昭化嘉陵江大桥等工程的主拱计算、模型试验、实桥测试成果总结而成的。

主拱计入材料、几何非线性影响的稳定为第二类稳定,实质是主拱达到极限承载能力而失稳(主拱被压溃),因此,安全系数为极限承载能力状态下的安全储备,其规定限值按式(5-1)计算。

$$\lambda = \frac{\gamma_g \gamma_c}{\gamma_b} = \frac{1.3 \times 1.25}{0.95} = 1.71 \tag{5-1}$$

式中:λ——计入几何、材料非线性的稳定安全系数;

γ_g——荷载安全系数;

γ_c——材料安全系数;

γ_b——工作条件系数。

为了桥梁主拱结构的安全,计入材料、几何非线性影响的主拱非线性稳定安全系数(取稳定极限承载力与设计荷载效应的比值)不应小于1.75。

6 正常使用极限状态计算

6.1 一般规定

6.1.1 正常使用极限状态的计算，应采用作用的短期效应组合、长期效应组合。

6.1.2 正常使用极限状态的计算，钢管混凝土构件应进行变形验算。钢管混凝土构件采用应力叠加法验算强度时，应按附录 C 执行。

6.1.3 非钢管混凝土构件的应力、变形、裂缝等应按相关规范的规定验算。

6.2 主拱变形及预拱度设置

6.2.1 钢管混凝土主拱在车道荷载（不计冲击力）作用下的最大竖向挠度（正负挠度绝对值之和）不应大于 $L/1\,000$；桥面梁（板）的最大竖向挠度不应大于 $L/800$。

6.2.2 钢管混凝土主拱的变形应根据线弹性理论的方法计算。

6.2.3 钢管混凝土主拱应设置预拱度，计算预拱度值应为恒载累计变形、钢管混凝土徐变挠度和 1/2 活载挠度之和；预拱度计入非线性影响后，可按式（6.2.3）计算。对主拱跨径小于 50m 的拱桥，主拱预拱度宜设置在 $(1/400 \sim 1/600)L$ 范围内。

$$\delta_s = K_y \delta_j \tag{6.2.3}$$

式中：δ_s——主拱设计预拱度值（m）；

δ_j——主拱计算预拱度值（m）；

K_y——预拱度非线性修正系数，主跨 $50 \sim 100$m，取 1.05；主跨 $100 \sim 150$m，取 1.11；主跨 $150 \sim 220$m，取 1.16；主跨 $220 \sim 340$m，取 1.20；主跨大于 340m，取 1.25。

条文说明

在钢管混凝土拱桥计算中，钢管混凝土施工过程的弹性模量取为终极值、钢管内混凝土"脱空"缺陷、钢管初始应力、钢管混凝土徐变、节点塑性变形、弯曲开裂和不合理的施工加载程序等原因,往往引起计算预拱度小于实际变形。根据多座钢管混凝土拱桥设计、施工经验,结合研究成果,本条提出了主拱预拱度非线性修正系数。

6.2.4 桥面梁(板)的预拱度应计入主拱、吊索及桥面梁(板)的变形。

6.3 动力特性

6.3.1 主拱跨径大于或等于150m,或宽跨比小于或等于1/20的钢管混凝土拱桥,应计算桥梁动力特性。当设有人行道时,宜使结构频率避开人感频率,人感频率范围可取2.5~3.5Hz。当有可靠研究资料和桥梁具体要求时,宜单独确定人感频率范围。

条文说明

钢管混凝土拱桥主拱的动力特性包括横向、竖向自振频率和振型,反映了桥梁的总体刚度。主拱跨径大于或等于150m,或宽跨比小于或等于1/20的钢管混凝土拱桥,主拱纵向或者横向较柔,在地震、风荷载和车辆等动荷载作用下,振动明显,影响桥梁的使用。

6.3.2 主跨跨径大于或等于150m的中承式或下承式钢管混凝土拱桥,应按现行《公路桥梁抗风设计规范》(JTG/T D60-01)的要求,对主拱、吊索、桥面梁和施工过程进行抗风验算。

7 施工过程计算

7.1 一般规定

7.1.1 应按钢管节段安装成拱、主拱管内混凝土灌注、拱上结构安装三个阶段进行主拱施工过程计算。

7.1.2 各阶段所形成的结构体系应进行内力、稳定和抗风性能分析，并应验算体系中构件的强度、刚度、稳定和抗风性能。

7.2 主拱钢管节段安装成拱

7.2.1 根据桥位地形地貌、水文地质和运输条件等因素，主拱钢管节段安装可采用斜拉扣挂、转体施工、大节段提升等方法。

7.2.2 主拱钢管节段安装成拱阶段，应以形成的结构体系为计算模型，验算该体系中构件的强度、刚度、稳定性能和抗风性能，并应满足下列要求：
1 主拱应按钢结构进行内力计算和结构验算。
2 采用斜拉扣挂法安装主拱时，应按不同的施工阶段分别对扣索、锚索、扣塔、锚碇体系进行结构分析和强度、刚度、稳定和抗风性能验算。
3 采用转体施工法安装主拱时，应对扣索、锚索、扣塔、转盘体系、牵引体系、锚碇体系、转体过程中主拱等构件进行结构分析和强度、刚度、稳定和抗风性能验算。
4 采用大节段提升法安装主拱时，应对提升支架、基础、提升系统等进行结构分析和强度、刚度、稳定和抗风性能验算。

7.2.3 主拱安装应进行线形拟合设计，主拱合龙后应满足设计线形要求。

7.2.4 主拱空钢管节段制造、安装成拱的控制线形应满足下列要求：
1 主拱制造线形应为主拱设计线形与预拱度之和。
2 主拱成拱的线形应为主拱制造线形与空钢管成拱后一次落架的自重挠度之差。
3 主拱安装线形应为主拱制造线形与节段安装线形调整值之和。
4 节段安装线形调整值的计算应以主拱成拱理论线形为控制目标，根据安装结构体系在安装过程中主拱线形变化量，进行主拱成拱线形拟合计算，来确定节段安装线形调整值。

7.2.5 主拱成拱线形拟合应按下列规定计算：

1 主拱节段安装过程中的挠度 d_y 应按式（7.2.5-1）计算。

$$d_y = d_{y1} + d_{y2} \qquad (7.2.5\text{-}1)$$

式中：d_{y1}——节段安装过程中产生的累计挠度（m）；
d_{y2}——解除扣索或支点产生的挠度（m）。

2 主拱节段安装线形调整值 δ_e 应按式（7.2.5-2）计算。

$$\delta_e = D_y - d_y \qquad (7.2.5\text{-}2)$$

式中：D_y——主拱成拱一次落架时的自重挠度（m）；
d_y——主拱节段安装过程中的挠度（m）。

条文说明

由于主拱制造、安装过程中，实际调整 δ_e 等操作存在误差，实际成拱线形与理论线形不一致，但其差值应满足设计要求。如果 $D_y = d_y$，则节段安装调整值为 0，即主拱制造线形就是主拱安装线形。但主拱制造为无应力状态下的线形，除采用满堂支架安装主拱外，其余现有安装方法因主拱自重作用，而应为有应力状态，故 $D_y \neq d_y$。在制造线形的基础上，加上安装调整值 δ_e，其线形变化量为 $D_y = \delta_e + d_y$，主拱合龙并解除扣索、支架后，正好是主拱成拱的理论线形。

7.3 主拱管内混凝土灌注

7.3.1 主拱管内混凝土应遵循两岸对称的原则一次性灌注，横向灌注顺序应遵循上下游均衡的原则。

7.3.2 主拱合龙后，钢管内混凝土灌注顺序应通过加载计算来确定，并应符合下列规定：

1 当对主拱各主管进行初应力验算时，应只计入钢管成拱阶段及灌注管内混凝土阶段产生的应力总和；主管的最大初应力 σ_0 不应大于 $0.65f_{sd}$。

2 主拱灌注完成后，轴线最大横向偏位不应大于 $L/4\,000$。

3 对哑铃型主拱，腹腔混凝土的灌注应在主管内混凝土灌注完成后进行。

7.3.3 宜在主管混凝土达到设计强度且龄期大于 4d 后，再灌注下一根主管。

条文说明

钢管混凝土主拱的特点之一是分阶段形成受力截面，已灌注的钢管内混凝土要参与承受后续的荷载作用，因此对初次参与受力的管内混凝土强度提出要求。

7.4 拱上结构安装

7.4.1 应在主拱管内混凝土全部灌注完成并达到设计强度后，再进行拱上结构安装。

7.4.2 拱上立柱、吊索横梁（或盖梁）、桥面梁、二期恒载的加载程序应符合下列规定：
 1 主拱线形变化均衡对称。
 2 在满足强度及稳定要求的前提下，主拱截面偏心距应满足本规范第4.3.7条的要求。

8 总体设计及构造

8.1 总体设计

8.1.1 应根据桥位地形、地质、水文条件和使用要求，合理选择钢管混凝土拱桥结构体系。

条文说明

钢管混凝土拱桥结构体系包括上承式［图8-1a)］、中承式［图8-1b) 和 e)］、下承式［图8-1c)和d)］。中承式包括中承式推力拱桥［图8-1b)］和无推力的飞燕式拱桥［图8-1e)］；下承式包括下承式系杆拱桥［图8-1c)］和下承式刚架系杆拱桥［图8-1d)］。

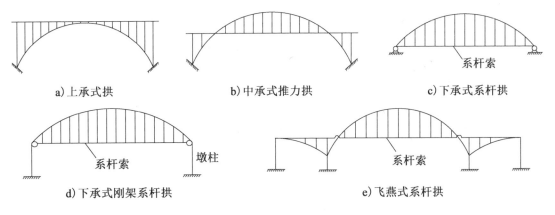

图8-1 钢管混凝土拱桥结构体系

8.1.2 总体布置应符合下列规定：

1 采用单管主拱的拱桥，其跨径不宜大于80m；采用哑铃型截面的拱桥，其跨径不宜大于150m；跨径大于150m，宜采用桁式主拱；跨径大于300m，宜采用变截面桁式主拱。主拱截面形式包括单管、哑铃型和桁式（图8.1.2）。

2 主拱矢跨比取值范围宜为：上承式1/4~1/6，中承式1/3.5~1/5，下承式1/4.5~1/5.5。

3 拱轴线宜采用抛物线或悬链线。当采用悬链线拱轴线时，上承式的拱轴系数 m 宜为1.2~2.8，中承式的拱轴系数不宜大于1.9，下承式的拱轴系数不宜大于1.5。

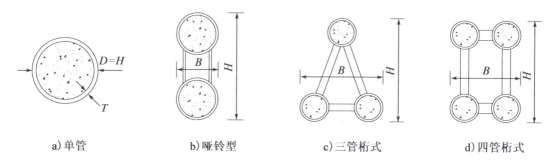

a) 单管　　　　b) 哑铃型　　　　c) 三管桁式　　　　d) 四管桁式

图 8.1.2　钢管混凝土主拱常用截面形式

4　飞燕式钢管混凝土拱桥，边跨宜采用钢筋混凝土结构。边、中跨跨径比宜为 0.18~0.30；中跨矢跨比宜为 1/3.5~1/4.5。

5　提篮式主拱内倾角宜为 5°~10°。

6　主拱的高度、宽度、主管外径，宜按式（8.1.2-1）~式（8.1.2-3）计算确定。

1）等截面主拱：

$$H = k_1 k_2 \left[0.2 \left(\frac{L_0}{100} \right)^2 + \frac{L_0}{100} + 1.2 \right] \quad (8.1.2\text{-}1)$$

$$B = (0.28 \sim 0.45) H \quad (8.1.2\text{-}2)$$

$$D = (0.08 \sim 0.14) H \quad (8.1.2\text{-}3)$$

式中：H——主拱截面全高（m）；

B——主拱截面全宽（m）；

D——主拱主管外径（m）；

L_0——主拱净跨径（m）；

k_1——荷载系数，公路—Ⅰ级取 1.0，公路—Ⅱ级取 0.9；

k_2——车道系数，2 或 3 车道取 0.9，4 车道取 1.0，6 车道取 1.1。

2）哑铃型截面主拱宜为等截面，其主拱截面高度宜取 (0.8~1.0) H，且不宜大于 3m；钢管直径宜取 600~1500mm。

3）变截面桁式主拱，拱顶截面高宜取 (0.6~0.9) H，拱脚截面高宜取 (1.4~1.6) H。

7　主拱主管壁厚不应小于 10mm。

8　中、下承式钢管混凝土拱桥，吊索和拱上立柱宜等间距布置，间距可取为 $L_0/24 \sim L_0/38$。上承式钢管混凝土拱桥拱上立柱间距可取为 $L_0/8 \sim L_0/15$。

9　宜根据主拱横向布置形式，选取整体或分离式的拱座。主拱采用肋式拱时，宜选用分离式拱座。

条文说明

对于跨径小于 150m 的钢管混凝土拱桥，所需的主拱截面尺寸相对较小，为简化构造和便于制造安装，单管或由双管组成的哑铃型主拱较为适宜。随着跨径增大，主拱的稳定及承载能力相应增大，宜采用多管桁式主拱。对于跨径大于300m的钢管混凝土拱桥，主拱的拱顶与拱脚内力相差较大，采用等截面桁式主拱已经不经济合理，宜选用变截面桁式主拱。

8.1.3 多孔钢管混凝土下承式刚架系杆拱的系杆宜各孔独立锚固；多孔钢管混凝土上承式拱桥宜每隔3~5孔设置一个制动墩。

8.1.4 钢管混凝土拱桥采用双肋式主拱时，主拱宜布置成提篮式或平行式，桥面梁宜采用纵横梁组合体系。

8.1.5 对于中、下承式钢管混凝土拱桥，行车道应布置在主拱拱肋之间，行车道与吊索平面间应设置防撞护栏，人行道宜布置在主拱拱肋之外。

8.1.6 在结构和构件满足强度、刚度、稳定的前提下，应确保主拱管节点、吊索和系杆索锚点、钢—混凝土组合过渡区等特殊细节构造的耐久性要求，拱座周边尚应设置防水、防冲刷、防风蚀等附属工程。

8.1.7 桥梁钢管结构的完整性设计由荷载、材料性能、细节构造、制造工艺、安装方法、使用环境及维护方式等多种因素确定，除满足强度、刚度、稳定要求外，尚应对损伤与损伤容限提出要求。

8.1.8 钢结构损伤控制原则宜符合下列要求：
  1 针对静力或疲劳要求选择焊缝形式，焊接应可操作和可检测。
  2 构造细节设计应满足传力简洁、无死角、易于安装和维护的要求。
  3 根据荷载、环境、细节等因素，宜进行抗疲劳与抗断裂的损伤分析评估。
  4 根据钢管结构焊接应力、焊接变形与焊接收缩量的控制目标，宜确定制造和焊接工艺。
  5 钢管的维护应满足钢管损伤监测和维修的需要。

8.1.9 钢结构损伤控制技术应符合下列要求：
  1 材料及焊接接头韧性和强度应采用等组配或低组配。
  2 制定焊接接头焊后处理工艺。
  3 减小焊缝数量和尺寸。
  4 制定焊接接头的焊接顺序、间隙控制、预热等措施。
  5 控制焊接裂纹、夹渣、未熔合、咬边等缺陷。
  6 制定涂装工艺实施技术操作指南。

条文说明

钢管混凝土拱桥的钢管结构，从材料加工过程到服役期，不可避免地会在内部和表面发生微小损伤缺陷，在一定外部因素（荷载、温度、腐蚀等）作用下，损伤缺陷不断扩展与合并形成宏观裂纹，导致材料和结构力学性能劣化。桥梁钢管结构的完整性和损伤是相对的，损伤程度将会对结构的完整性带来影响，损伤极限则是结构的失效。损伤容限是指钢管结构在规定的使用周期内抵抗由损伤缺陷、裂纹等而导致破坏的能力。钢管结构局部损伤及损伤扩展，都可能威胁桥梁安全。

钢管结构的损伤和发展，在材料、工艺及服役过程等方面的表现为：

（1）材料损伤是指母材在冶炼和轧制过程中的缺陷，如非金属夹杂物，焊接过程会引发层状撕裂等；

（2）焊接接头处金属再结晶过程使热影响区（HAZ）的母材强度增高，塑性韧性降低，可能造成母材损伤；

（3）焊接过程的裂纹、夹渣、未熔合、咬边等损伤及其短焊缝，常会导致疲劳裂纹，缩短结构寿命；

（4）钢管结构中贯穿板、镶嵌、隔板等细节和焊接顺序、间隙控制、预热不当等容易引起几何应力集中，极易引发钢管结构损伤；

（5）钢管结构在腐蚀环境中，损伤会加速扩展，疲劳荷载作用使早期损伤很快从无害演变为有害，导致疲劳裂纹扩展，直接威胁结构安全。

8.2 主拱

8.2.1 单管与哑铃型主拱应符合下列规定：

1 吊索穿过主管处，主管内应设置环向加劲肋，加劲肋的数量与板厚应满足主管集中受力要求。吊索锚具宜置于主管之外。

2 哑铃型主拱，钢腹板的厚度及加劲肋设置应满足下列要求：

1) 当钢腹板计算高度与钢腹板厚度之比（h/δ）小于50时，可不设置竖向加劲肋；

2) 当钢腹板计算高度与钢腹板厚度之比（h/δ）为50～140时，应设置竖向加劲肋，其间距不应大于2m；

3) 当钢腹板计算高度与钢腹板厚度之比（h/δ）大于140时，宜选用桁式主拱。

8.2.2 设有斜支管的Y、K、N形节点构造（图8.2.2）应符合下列规定：

1 主、斜支管轴线间夹角 α 不宜小于30°。

2 斜支管轴线交点与主管轴线的偏心距 e_0 不宜大于 $D/4$，超过时应计入偏心弯矩的影响，偏心弯矩应按式（8.2.2-1）计算。

$$M = \Delta N \times e_0 \quad (8.2.2\text{-}1)$$

式中：M——偏心距产生的节点偏心弯矩（kN·m）；

ΔN——节点两侧主管轴力之差（kN）；

e_0——管与主管交叉的偏心距（m）。

3 K形节点或N形节点支管间的间隙 g 不应小于50mm。

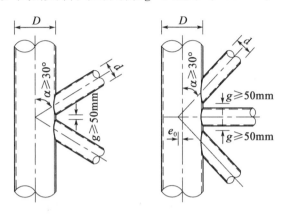

图8.2.2 管节点构造参数

条文说明

斜支管一般位于主拱立面，用于连接主拱上、下主管，或主拱横撑。

8.2.3 设有直支管的桁式构造宜符合下列规定：
1 支管中心距离不宜大于主管中心距的4倍。
2 单根支管面积不宜小于单根主管面积的1/4。
3 支管的长细比不宜大于单根主管长细比的1/2。

条文说明

直支管一般用于主拱桁片间主管的横向连接构造，或拱上立柱采用钢管混凝土桁式结构时，主管间距相对较小的纵桥向连接构造。

8.2.4 桁式构造几何参数宜符合下列规定：
1 节间间距与主桁高度之比宜为0.5~1.5。
2 支管与主管直径比 d/D 宜为0.30~0.80。
3 主管径厚比 D/T 宜为24.0~90.0。
4 支管与主管壁厚比 t/T 宜为0.25~1.00。

8.2.5 管节点及连接件的抗疲劳构造应符合下列规定：
1 桁式主拱的主管与支管同时应满足 $d/D \geq 0.4$、$T/t \geq 1.0$、$D/T \geq 40$ 的要求。
2 细长空管杆件长度与钢管直径之比不应大于40。
3 支管与主管间相贯焊接节点，不应采用加劲肋板或插入式节点板的连接形式。
4 板—管节点不应采用插入式焊缝连接支管的构造形式。

5 相贯焊接的 K 形节点，相贯焊缝与纵、环焊缝不应相交，焊缝间净距不应小于 50mm。

6 支管相贯线和坡口应采用相贯线切割机完成，焊接接头根部间隙应控制在 6mm 以内，焊缝宜采用全熔透焊缝形式，焊趾处应进行修磨。

8.2.6 焊接接头应符合下列规定：

1 焊接接头不应采用间断、超间隙和塞焊的焊缝。

2 不得选择 T 形或十字形焊接接头。

3 应控制焊接缺陷、焊接应力、焊接变形、焊接收缩量，并提出相应的制造和焊接质量要求。

4 桁式主拱的相贯连接接头，其相贯线坡口应采用相贯线切割机成型，支管全熔透焊缝坡口形式可按图 8.2.6-1 设置。

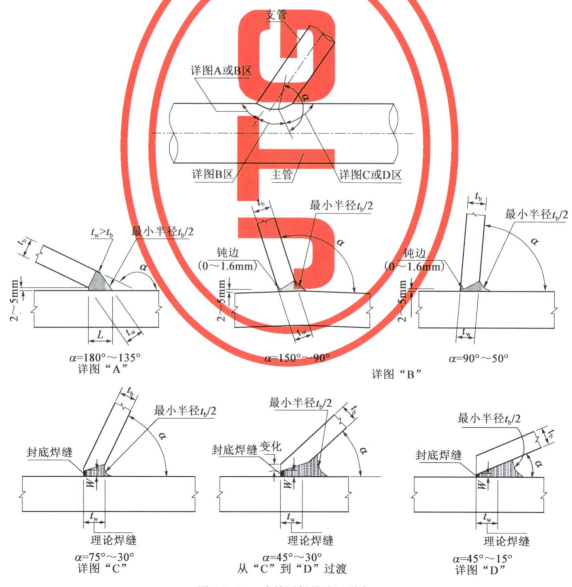

图 8.2.6-1 全熔透焊缝坡口形式

5 钢管对接接头应采用全熔透焊缝，管端坡口可采用图 8.2.6-2 的形式。

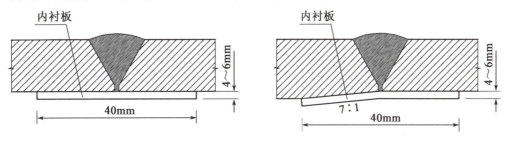

图 8.2.6-2 钢管对接坡口形式

6 主管采用直缝焊接管时，对环焊缝、纵焊缝和节点的相贯焊缝，应按图 8.2.6-3 所示的要求避让焊缝交叉。

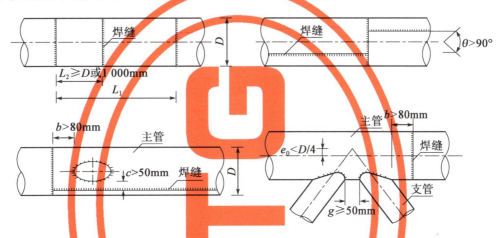

图 8.2.6-3 钢管错缝布置要求

7 焊接接头应合理配置焊缝韧性和强度，宜采用焊接材料与结构钢材强度等组配或低组配。

8 相贯线焊缝的焊趾应修磨圆顺，修磨方法宜采用砂轮打磨；打磨区的修磨深度宜为 0.5~0.8mm，修磨方位应符合图 8.2.6-4 的规定。

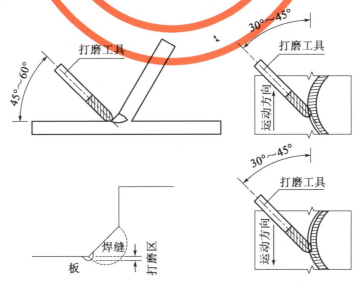

图 8.2.6-4 焊缝修磨方位图

8.2.7 吊杆和立柱设置在主拱横向连接的直支管上时，该支管应采用钢管混凝土，且宜在支管内设置环向加劲肋，如图 8.2.7 所示。其加劲肋构造应满足下列要求：

1 加劲肋的板厚不应大于钢管的壁厚。

2 集中力对应位置应设置一道加劲肋，两侧加劲肋间距之和不应大于钢管直径。

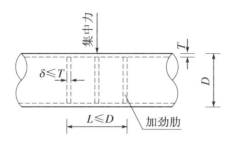

图 8.2.7　环向加劲肋

条文说明

图 8.2.7 中的集中力指吊索或拱上立柱的作用力。

8.2.8 主拱接头应符合下列规定：

1 主拱节段应采用焊接对接接头。当主拱主管直径大于 600mm 时，宜采用内法兰作临时连接（图 8.2.8-1）。

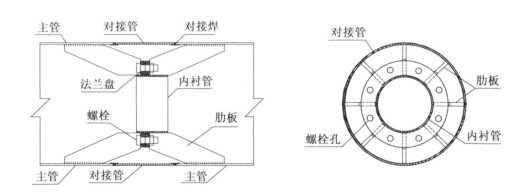

图 8.2.8-1　内法兰构造形式

2 主拱与拱座的连接构造，宜将钢管插入拱座预埋，预埋管与主拱节段宜采用焊接对接接头。预埋深度不得小于 1.5 倍主管直径，预埋钢管底部应设置承压板，其下应设置不少于 3 层钢筋网，在钢管周边应设置分布环向钢筋、焊钉或 PBL 剪力键等锚固构造。承压板与管壁间应按构造要求设置带孔加劲肋板（图 8.2.8-2）。

3 主拱施工时，根据截面形式和结构特点的需要，主拱拱脚可设计为直接固结的连接形式，或先临时铰连接、合龙后再固结的形式。拱脚临时铰可采用转轴铰或销轴铰，其构造形式如图 8.2.8-3、图 8.2.8-4 所示。

4 主拱合龙连接应采用焊接对接接头。主拱合龙应快速准确对位，宜单独设置合龙段及满足瞬时合龙的构造措施。桁式主拱合龙构造如图 8.2.8-5 所示。

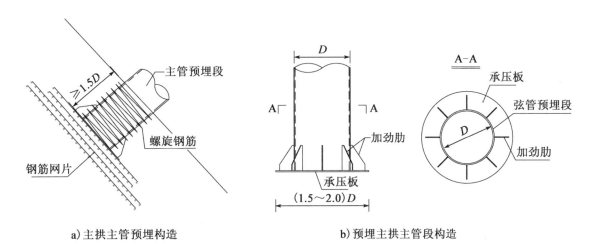

图 8.2.8-2　主拱与拱座的连接一般构造

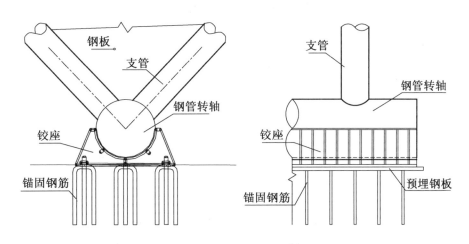

图 8.2.8-3　转轴铰一般构造示意图（钢板加劲肋未示）

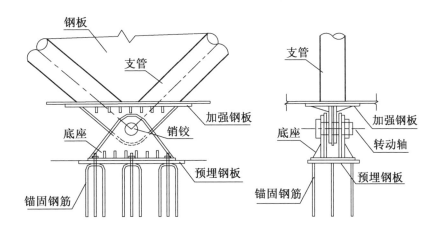

图 8.2.8-4　销轴铰一般构造示意图（钢板加劲肋未示）

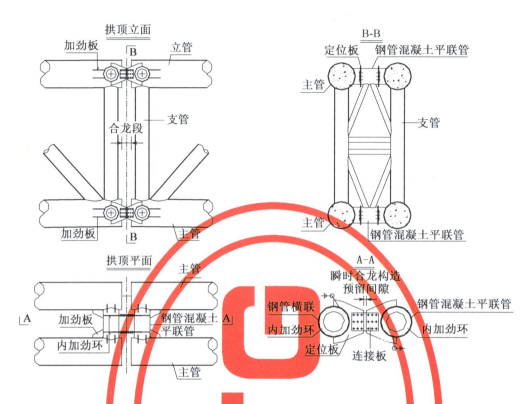

图 8.2.8-5 桁式主拱合龙构造

条文说明

为满足施工过程受力和无应力焊接的需要，当主拱主管直径大于 600mm 时，采用内法兰作临时连接。

8.2.9 主拱主管在加工制造时宜采用折线形成，折线长度不应大于主拱的主桁间距和有限元计算模型的梁单元长度中的较小值。用折线代替曲线时，其主管接头位置应避开主桁的节点位置。主拱制造时不宜采用火焰煨弯的工艺。

条文说明

钢管混凝土主拱一般采用悬链线、抛物线或圆曲线。主拱钢管采用火焰煨弯的工艺弯曲成主拱时，会造成钢管圆度、直线度等误差增大，且工艺要求高、控制难度大，不能保证主拱钢管质量要求，故一般不宜采用。

8.3 横撑

8.3.1 拱肋间应设置横撑。横撑形式可采用一字式、K 式、X 式、米字式等。横撑构造应与拱肋截面相适应，截面可采用单管、哑铃型或桁式。

8.3.2 横撑与主拱的连接接头可采用螺栓连接、焊接连接或栓焊连接。焊接连接接头设计应遵循焊缝少、焊接操作性强的原则。

8.3.3 拱脚段的横撑可采用钢管桁式结构、钢管混凝土桁式结构或钢筋混凝土结构。下承式拱的端横梁和中承式拱的肋间横梁兼作主拱横撑时，其强度和刚度应同时满足横梁和横撑的需要。

8.4 拱上立柱

8.4.1 拱上立柱可采用钢管混凝土构件、钢构件或钢筋混凝土构件。钢管混凝土立柱宜采用单管或桁式组合柱。盖梁可采用钢筋混凝土、预应力钢筋混凝土或钢结构。

8.4.2 钢管混凝土立柱与混凝土盖梁连接时，伸入盖梁长度应大于1.5倍立柱主管外径，且不应小于1.0m；可采用开孔钢板和预埋锚筋等形式的钢—混凝土构造连接，如图8.4.2a）所示。当采用预制盖梁时，可将盖梁底部预埋钢板与钢管混凝土立柱焊接连接，如图8.4.2b）所示。

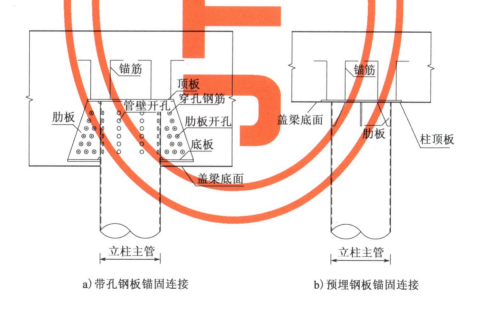

a) 带孔钢板锚固连接　　　　　　b) 预埋钢板锚固连接

图 8.4.2　钢管混凝土立柱与盖梁连接构造

8.4.3 钢管混凝土拱上立柱的柱脚分为有垫梁柱脚和无垫梁柱脚。有垫梁柱脚通过垫梁上的预埋钢板与立柱焊接连接，如图8.4.3a）所示；无垫梁柱脚采用与主拱相贯焊接的方式连接，如图8.4.3b）所示。

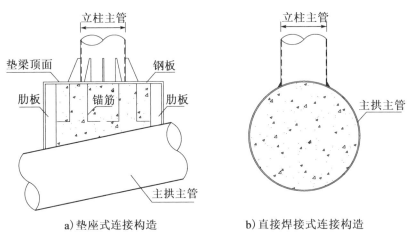

图 8.4.3 拱上立柱与主拱连接构造

8.4.4 钢管混凝土立柱的节段连接宜采用对焊接头；当立柱为小偏心受压时，可采用法兰盘连接。

8.4.5 钢管混凝土墩柱与基础的连接宜采用埋入式，其埋入深度应大于2倍立柱钢管直径，且不应小于1.5m，在预埋段应设置分布环向钢筋、焊钉或开孔钢板等锚固构造。承压板直径（或边长）宜为1.5~2.0倍立柱钢管直径，厚度不宜小于25mm，如图 8.4.5 所示。

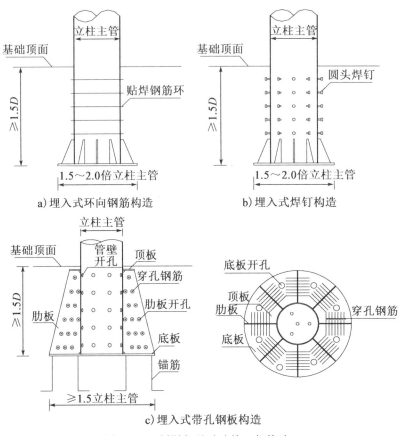

图 8.4.5 桥墩与基础连接一般构造

8.5 吊索

8.5.1 吊索应采用平行钢丝成品索或钢绞线成品索，钢丝或钢绞线应采用环氧喷涂、环氧填充或镀锌的防腐处理。吊索应设置耐候性的防护外套。

8.5.2 吊索锚具形式应结合拱、梁和索体构造选用，锚管的出口端应设置减振器。上下端锚具应露出结构外。

8.5.3 吊索锚具的防腐应满足设计使用年限要求，并应设置完整的防护及排水构造。锚具防护罩构造应便于锚具及其内索体的后期检修。锚具防护罩应有配套的防腐涂装。

条文说明

调查表明，吊索上下端锚具处腐蚀严重，是因为锚具防水构造无法保证水、腐蚀气体完全不进入锚具内，一旦进入而无法排除时，将导致吊索上下端锚具处腐蚀环境恶化，加剧对锚具、吊索的腐蚀。因此，本条要求吊索锚具具有可靠的防腐措施，具有防水保护构造；同时，在锚具的较低位置处，应设置排水构造。

8.5.4 中、下承式拱桥设计时，最短吊索的自由长度宜满足纵向位移需要。当不能满足要求时，应采用限制短吊索横梁纵向位移、横梁与桥面梁（板）间设置滑板支座、增加索体锚固端自由转动幅度等措施。

条文说明

调查表明，中、下承式拱桥的伸缩缝一般位于两岸桥台（交界墩）处，变位零点位于主跨跨中，导致两岸短吊索水平位移大，使外套钢管、锚端的弯折角度大，在较大的弯曲应力和腐蚀环境作用下，形成吊索的"应力腐蚀"而破坏。本条对短吊索进行以下处理：

（1）设置构造，固定短吊索的横梁与拱肋形成一体，减少横梁纵桥方向移动；
（2）短吊索横梁与桥面梁（板）间设置滑板支座，减少短吊索横梁纵向位移；
（3）将吊索锚固于主拱上弦，加大索套管直径，增加短吊索的自由长度，降低锚固端自由转动幅度。已有工程表明，上述措施对延长短吊索的寿命具有明显贡献。

8.5.5 当吊索长度大于30m时，在满足吊索综合系数要求的同时，宜提高吊索的抗拉刚度。

条文说明

吊索长度大于 30m 时，吊索弹性伸长量较大，且会产生过大的竖向位移，将影响行车及行人舒适度要求，故作此条规定。

8.6 系杆索

8.6.1 系杆索必须采用平行钢丝成品索或钢绞线成品索，其钢丝或钢绞线可采用环氧喷涂、环氧填充或镀锌的防腐处理。系杆索不应外露，应设具有耐候性的防护装置。

8.6.2 系杆索锚具形式应结合结构和系杆索的特点选用，锚具应露出结构外。

8.6.3 系杆索锚具的防腐应满足设计使用年限要求，并应设置完整的防护及排水构造。锚具防护罩构造应易于锚具及其索体的后期检修，并应有配套的防腐涂装。

条文说明

系杆拱桥的系杆极易受水等环境因素影响而严重锈蚀。为防止施工和运营过程中积水，本条要求系杆索锚具除具有防水构造外，尚应在锚具内设置排水构造。锚具的防腐技术应可靠，保证使用年限满足设计要求。设计者应针对锚具的实际构造和相关连接构造，特别关注锚具的防腐性能设计要求。

8.6.4 系杆索的位置设计应综合考虑主拱结构、桥面系高程、锚固位置及更换索体的工艺要求等因素。索体支架体系的转轮宜采用非金属或长寿命耐候材料制作。

条文说明

索体支架体系的转轮，主要功能是满足索体在外力作用下发生位移的需要。

8.6.5 系杆索及锚具构造，必须满足检查、维护及可更换的需要。

8.7 桥面系构造

8.7.1 上承式钢管混凝土拱桥，可采用简支或连续结构体系的桥面梁（板）。

8.7.2 中、下承式钢管混凝土拱桥的桥面梁（板）必须采用连续结构体系，连续结构体系的主纵梁应满足 2 倍吊索跨度的承载能力要求。对于桥面梁（板）与吊杆横梁分离的结构体系，主纵梁应设在吊杆横梁的吊杆对应位置处。

条文说明

桥面梁（板）连续结构体系指在桥面梁的吊索横梁间设置主纵梁，形成纵桥向连续的结构体系。连续桥面纵梁在活载作用下吊点处正弯矩较大，需要加强纵梁在吊点处的正弯矩强度验算。

8.7.3 桥面梁（板）可采用钢筋混凝土、预应力钢筋混凝土、钢或钢—混凝土组合等结构；对于跨径大于300m的钢管混凝土拱桥，宜采用钢或钢—混凝土组合结构桥面梁（板）。

8.7.4 钢—混凝土组合结构桥面梁（板）的构造应符合附录D的规定。

8.7.5 当桥面单向纵坡大于2%时，应设置纵向限位措施。

8.7.6 中、下承式拱桥，桥面梁与主拱的间隙应满足桥面梁（板）纵横向位移的要求。

8.8 辅助结构

8.8.1 主拱安装的辅助体系应符合下列规定：
1 扣塔（或提升塔）宜采用型钢标准件或钢管（或钢管混凝土）桁式塔。当采用钢管混凝土桁式扣塔（或提升塔）时，其构造应符合本规范的规定。
2 扣索（或提升索）应选用钢丝绳或钢绞线。钢绞线锚固应选用低回缩量锚具。
3 施工锚碇应根据结构特点、地形和地质条件设计。
4 扣索（或提升索）的张拉端应设置在塔顶和锚碇处。
5 主拱安装时应根据结构特点和地形条件设置抗风构造。

8.8.2 主拱的辅助构造应符合下列规定：
1 主拱的辅助构造不应影响主体结构的安全与耐久性。
2 主拱扣点（吊点）宜设计为永久结构，其构造、焊接工艺试验、疲劳细节构造等的质量要求应与主体钢结构相同。
3 主拱钢管混凝土灌注孔应在结构制造时完成，且位于主管侧面，距离节点位置宜为0.6~1.0m；拱脚灌注孔距离拱座面宜为1.5~2.0m。灌注孔直径宜为100~150mm，孔周边应设置加劲环板，其直径不宜小于300mm，板厚不宜小于12mm。封孔焊缝的焊接质量要求应与主体结构一致。
4 主拱拱顶各主管内应设置隔舱板，隔舱板两侧应各设一个排浆管。排浆管直径应大于100mm，高度应大于1.0m。

条文说明

安装主拱的辅助构造包括设置在主拱上的扣点、主拱混凝土灌注孔和主拱隔舱板等。

9 附属结构

9.1 防排水构造

9.1.1 防排水构造应在主体结构设计时综合设计，局部构造细节不得影响结构的可维护性和耐久性，并应符合环保相关规范要求。

9.1.2 主体结构上易于积水处应设置相应的泄水孔，其孔径不应小于50mm。

9.1.3 当桥面排水采用直排式时，出口排水不得腐蚀和污染钢结构。当采用汇集式时，泄水管孔径及数量应根据桥面汇水面积确定，排水口应设置于主体结构之外。汇集式的集水管与主体结构的连接，应适应桥面梁、主拱的变形需要。跨越桥梁伸缩缝的集水管应设置伸缩装置。

9.2 检修养护设施

9.2.1 检修通道的设置应满足主拱、横撑、吊索锚头、桥面纵横梁和拱梁交叉处的检测和维修需要。桥面梁宜设计专用检修车。

9.2.2 检修通道钢构件的焊接工艺与质量控制应与主体结构的要求相同。

9.2.3 在设计阶段应根据构造特点提出桥梁检查、养护、维修的技术要求。

10 防腐构造与涂装

10.0.1 钢管混凝土拱桥中的钢构件，应针对桥址大气腐蚀环境和涂层体系保护年限，按现行《公路桥梁钢结构防腐涂装技术条件》（JT/T 722）的规定，进行防腐涂装。

10.0.2 根据结构防腐蚀重点、工艺要求，应避免出现易于积水集污的死角、未封闭焊缝及难以实施涂装施工的不良细节。

条文说明

根据《公路桥梁钢结构防腐涂装技术条件》（JT/T 722—2008）中长效型防腐涂层保护年限15~25年的要求，必须针对构造细节，如防排水、集污死角、未封闭焊缝及难以涂装施工的不良细节等进行重点研究，确定其涂装体系防腐工艺，方能确保涂层体系保护年限。

附录 A 钢管混凝土徐变系数

A.0.1 钢管混凝土拱桥内力与变形计算应计入徐变的影响。计钢管约束的混凝土徐变系数宜按式（A.0.1）计算。

$$\phi'(t, t_0) = \frac{\phi(t, t_0)}{1 + \dfrac{E_s}{E_c}\left[1 + \rho\phi(t, t_0)\right]a_s} \tag{A.0.1}$$

式中： t_0 ——加载时的混凝土龄期（d）；

t ——计算时刻的混凝土龄期（d）；

$\phi(t, t_0)$ ——混凝土的徐变系数，可根据现行《公路钢筋混凝土及预应力混凝土桥涵设计规范》（JTG D62）取值；

a_s ——截面的含钢率， $a_s = \dfrac{A_s}{A_c}$ ；

ϕ ——参数， $\rho = \dfrac{1}{1 - e^{-\phi(t, t_0)}} - \dfrac{1}{\phi(t, t_0)}$ ；

E_s、E_c ——钢管和混凝土材料的弹性模量（MPa）；

A_s、A_c ——钢管和混凝土截面面积（m²）。

附录 B 钢管混凝土本构关系

B.0.1 钢管混凝土受压本构关系，应采用"统一理论"的全过程曲线，如图 B.0.1 所示。

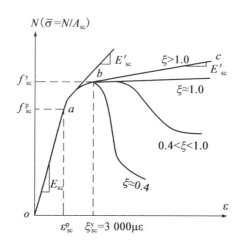

图 B.0.1 钢管混凝土轴压 N-ε 全过程关系曲线

条文说明

钢管混凝土"统一理论"的具体内容是：把钢管混凝土视为一种组合材料，用构件的整体几何特性（全截面面积和抵抗矩等）和钢管混凝土的组合性能指标，来计算构件的各项承载力，不再区分钢管和混凝土。随着物理参数、几何参数和应力状态的改变而改变，变化是连续的、相关的。其组合应力与组合惯性矩按试验得出：

（1）导出钢材和混凝土在多轴应力状态下的本构关系数学表达式。

（2）用有限元法计算得到钢管混凝土在各种应力状态下（轴压、轴拉和受弯、受扭等）的荷载—变形关系曲线。

（3）根据上述全过程曲线，确定极限准则，定出承载力组合设计指标。

通过钢管混凝土试件的试验，得出的本构关系已包括约束力效应，因此，确定的组合设计指标含约束效应。钢管混凝土组合指标除试验确定的组合应力 f_{sc}、组合弹性模量 E_{sc} 外，尚包括计算确定的组合截面积 A_{sc} 和组合惯性矩 I_{sc}。

钢管混凝土轴心受压（$L/D = 3 \sim 3.5$，L 为计算长度，D 为外直径）时的 N-ε 典型全过程曲线图，纵坐标 N 是轴压荷载，也可用截面的名义应力或平均应力表示：

$$\bar{\sigma} = \frac{N}{A_{sc}} \tag{B-1}$$

式中：A_{sc}——截面总面积（m^2），按式（B-2）计算；

$$A_{sc} = \frac{\pi D^2}{4} \quad \text{(B-2)}$$

D——钢管混凝土钢管直径（mm）。

当约束效应系数标准值 $\xi > 1$ 时，约束效应大，混凝土纵向承载力的增大值超过钢管纵向承载力的下降值，逐渐形成强化阶段；

当约束效应系数标准值 $\xi \approx 1.0$ 时，二者的纵向承载力的增大值和下降值接近相等，就出现水平塑性阶段；

当约束效应系数标准值 $\xi < 1.0$ 时，上述纵向承载力的增大值小于下降值，就出现下降段；

当约束效应系数标准值 $\xi \approx 0.4$ 时，约束效应太小，不出现塑性段，曲线在约 $3\,000\mu\varepsilon$ 时陡然下降，随后曲线趋于平缓。钢管混凝土在应变 ε_{sc}^{y} 时基本都达到了极限状态，即钢材应力达到了屈服状态。

附录 C 钢管混凝土构件应力计算

C.0.1 钢管混凝土构件作为钢管和混凝土两种材料单元，构件满足平截面假定，应采用叠加法计算各阶段累计的截面应力，并符合式（C.0.1-1）、式（C.0.1-2）的要求。

$$\sigma_s \leq 0.8 f_y \quad (C.0.1\text{-}1)$$

$$\sigma_c \leq \frac{K_1}{K_2} f_{ck} \quad (C.0.1\text{-}2)$$

式中：σ_s——钢管混凝土组合截面中钢管应力（MPa）；

σ_c——钢管混凝土组合截面中管内混凝土应力（MPa）；

K_1——钢管混凝土轴心受压构件的核心混凝土轴心抗压强度提高系数，K_1 可按式（C.0.1-3）计算；

$$K_1 = 1 + \left[\sqrt{4 - 3(0.25 + 3.2 a_s)^2} - 1\right] a_s \frac{f_y}{f_{ck}} \quad (C.0.1\text{-}3)$$

a_s——截面的含钢率；

K_2——管内混凝土容许应力安全系数，可取 $K_2 = 1.7$；

f_y——钢材的屈服强度（MPa）；

f_{ck}——混凝土轴心抗压强度标准值（MPa）。

条文说明

钢管应力为各个施工阶段的累计应力、二期恒载引起的应力、温度应力以及活载、混凝土收缩、徐变应力的累加。钢管应力计算一般是将钢管混凝土构件作为钢管和混凝土两种材料单元，根据各自的材料特性和施工过程，采用有限元法叠加计算而成。钢管实际应力值一般大于理论分析值，主要是混凝土的弹性模量取值与理论取值有差异，且与混凝土收缩、徐变有关，目前缺乏这方面的系统性和连续性实测资料。此外，在工程实践中往往在没有达到设计规定的混凝土强度时，就进行后续钢管混凝土灌注，也增大了钢管的应力。为保证钢管在正常使用极限状态下处于弹性阶段，应有安全储备，规定 $\sigma_s = 0.8 f_y$。参考《钢管混凝土结构设计与施工规程》（JCJ 01—89），钢管混凝土构件管内混凝土受到钢管的约束，其轴心抗压强度将提高，因此，可取 $\frac{K_1}{K_2} f_{ck}$ 值进行控制设计。

C.0.2 在正常使用极限状态下，钢管混凝土构件的钢管、混凝土的应力宜按式

（C.0.2-1）~式（C.0.2-4）计算。

钢管混凝土组合构件截面的组合应力和应变：

应力：

$$\sigma_{sc} = \frac{N_{sc}}{A_{sc}} \pm \frac{M_{sc}}{W_{sc}} = \sigma_{sc}^{N} + \sigma_{sc}^{M} \tag{C.0.2-1}$$

应变：

$$\varepsilon_{sc} = \frac{\sigma_{sc}}{E_{sc}} = \frac{\sigma_{sc}^{N} + \sigma_{sc}^{M}}{E_{sc}} \tag{C.0.2-2}$$

钢管混凝土构件钢管和混凝土的应力：

钢管应力：

$$\sigma_s = \sigma_{sc} n_s + \sigma_0 \tag{C.0.2-3}$$

混凝土应力：

$$\sigma_c = \left(\sigma_{sc} - \frac{2T}{D}\sigma_{sc}^{M}\right) n_c \approx \sigma_{sc} n_c \tag{C.0.2-4}$$

式中：σ_{sc}——钢管混凝土组合截面的应力（MPa）；

N_{sc}——钢管混凝土组合截面形成后构件中所增加的轴力设计值（10^3 kN），即扣除计算初应力 σ_0 的内力；

M_{sc}——钢管混凝土组合截面形成后构件中所增加的弯矩设计值（10^3 kN·m），即扣除计算初应力 σ_0 的内力；

W_{sc}——钢管混凝土组合截面外缘的抵抗矩（m³）；

ε_{sc}——钢管混凝土组合截面的轴向线应变；

n_s——钢与钢管混凝土组合材料弹性模量比值，$n_s = \frac{E_s}{E_{sc}}$；

n_c——混凝土与钢管混凝土组合材料弹性模量比值，$n_c = \frac{E_c}{E_{sc}}$。

附录 D 钢—混凝土组合桥面板

D.0.1 钢—混凝土组合桥面板的构造应符合下列规定：

1 钢—混凝土组合桥面板：在钢格子梁上应满铺 6～8mm 厚的钢底板，通过在钢底板上焊接间距 40cm 的带孔钢板，再浇注钢纤维水泥混凝土，形成总厚度为 12～15cm 的桥面板。

2 钢格子梁应由主纵梁、次纵梁、主横梁、次横梁组成，纵横梁间距比应大于 2.0；吊索或立柱应设置在主横梁处，如图 D.0.1-1 所示。

图 D.0.1-1 桥面格子梁的构造示意图

3 纵横桥面格子梁可以采用工形或箱形等截面形式，桥面钢底板在纵横梁处，按要求弯折形成加厚承托，再与格子梁焊接连接。

4 钢底板厚度为 6～8mm，其上沿桥纵向每隔 35～45cm 设置厚度为 6mm 的带孔钢板，其高度为 10～14cm，开孔间距为 10～12cm，开孔直径不小于 4cm，孔内穿 ϕ12mm 钢筋，顶面铺设钢筋网，再现浇 C40 钢纤维混凝土，厚度不宜小于 10cm，如图 D.0.1-2 所示。

5 钢—混凝土组合桥面板在纵横格子梁顶面处均应设置加厚承托，加厚承托高度 h_2 不宜超过板厚度 h_1 的 1.5 倍，加厚承托倒角的水平宽度 b_1 不小于其高度 h_2，如图 D.0.1-3 所示。

6 钢—混凝土组合桥面板上的铺装采用 5～7cm 改性沥青混凝土，在对应纵横梁位置的桥面板顶面2m宽度范围内，宜进行防水处理。

7 水泥混凝土桥面板采用钢纤维或混杂纤维混凝土浇注，并注意施工缝位置的预留和处置技术。

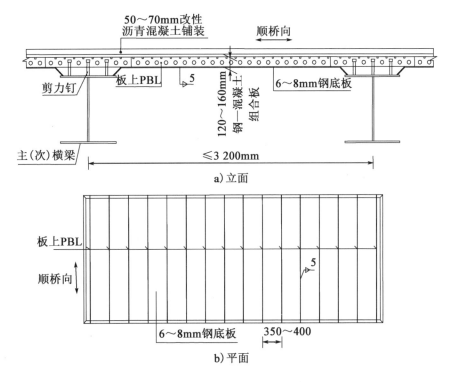

图 D.0.1-2 桥面板的构造示意图

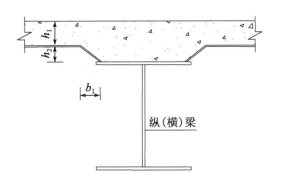

图 D.0.1-3 桥面板承托一般构造示意图

D.0.2 钢—混凝土组合桥面板钢材的材质应符合下列规定：

1 钢—混凝土组合桥面板的钢底板、带孔钢板宜采用 Q235-B 或 Q235-C。

2 钢—混凝土组合桥面板钢结构的制造与焊接，应符合本规范钢结构的相关规定。

本规范用词用语说明

1 本规范执行严格程度的用词，采用下列写法：

1）表示很严格，非这样做不可的用词，正面词采用"必须"，反面词采用"严禁"；

2）表示严格，在正常情况下均应这样做的用词，正面词采用"应"，反面词采用"不应"或"不得"；

3）表示允许稍有选择，在条件许可时首先应这样做的用词，正面词采用"宜"，反面词采用"不宜"；

4）表示有选择，在一定条件下可以这样做的用词，采用"可"。

2 引用标准的用语采用下列写法：

1）在标准总则中表述与相关标准的关系时，采用"除应符合本规范的规定外，尚应符合国家和行业现行有关标准的规定"；

2）在标准条文及其他规定中，当引用的标准为国家标准和行业标准时，表述为"应符合《××××××》（×××）的有关规定"；

3）当引用本标准中的其他规定时，表述为"应符合本规范第×章的有关规定"、"应符合本规范第×.×节的有关规定"、"应符合本规范第×.×.×条的有关规定"或"应按本规范第×.×.×条的有关规定执行"。

公路工程现行标准、规范、规程、指南一览表

(2015年10月版)

序号	类别	编号	书名(书号)	定价(元)
1	基础	JTG A02—2013	公路工程行业标准制修订管理导则(10544)	15.00
2		JTG A04—2013	公路工程标准编写导则(10538)	20.00
3		JTJ 002—87	公路工程名词术语(0346)	22.00
4		JTJ 003—86	公路自然区划标准(0348)	16.00
5		JTG B01—2014	公路工程技术标准(活页夹版,11814)	98.00
6		JTG B01—2014	公路工程技术标准(平装版,11829)	68.00
7		JTG B02—2013	公路工程抗震规范(11120)	45.00
8		JTG/T B02-01—2008	公路桥梁抗震设计细则(1228)	35.00
9		JTG B03—2006	公路建设项目环境影响评价规范(0927)	26.00
10		JTG B04—2010	公路环境保护设计规范(08473)	28.00
11		JTG/T B05—2004	公路项目安全性评价指南(0784)	18.00
12		JTG B05-01—2013	公路护栏安全性能评价标准(10992)	30.00
13		JTG B06—2007	公路工程基本建设项目概算预算编制办法(06903)	26.00
14		JTG/T B06-01—2007	★公路工程概算定额(06901)	110.00
15		JTG/T B06-02—2007	★公路工程预算定额(06902)	138.00
16		JTG/T B06-03—2007	★公路工程机械台班费用定额(06900)	24.00
17		交通部定额站2009版	公路工程施工定额(07864)	78.00
18		JTG/T B07-01—2006	公路工程混凝土结构防腐蚀技术规范(0973)	16.00
19		交通部2007年第30号	国家高速公路网相关标志更换工作实施技术指南(1124)	58.00
20		交通部2007年第35号	收费公路联网收费技术要求(1126)	62.00
21		交通运输部2015年第40号	收费公路联网收费多义性路径识别技术要求(12484)	40.00
22		JTG B10-01—2014	公路电子不停车收费联网运营和服务规范(11566)	30.00
23		交通运输部2011年	公路工程项目建设用地指标(09402)	36.00
24	勘测	JTG C10—2007	★公路勘测规范(06570)	28.00
25		JTG/T C10—2007	★公路勘测细则(06572)	42.00
26		JTG C20—2011	公路工程地质勘察规范(09507)	65.00
27		JTG/T C21-01—2005	公路工程地质遥感勘察规范(0839)	17.00
28		JTG/T C21-02—2014	公路工程卫星图像测绘技术规程(11540)	25.00
29		JTG/T C22—2009	公路工程物探规程(1311)	28.00
30		JTG C30—2015	公路工程水文勘测设计规范(12063)	70.00
31	设计	公路	JTG D20—2006	★公路路线设计规范(0996)	38.00
32			JTG/T D21—2014	公路立体交叉设计细则(11761)	60.00
33			JTG D30—2015	公路路基设计规范(12147)	98.00
34			JTG/T D31—2008	沙漠地区公路设计与施工指南(1206)	32.00
35			JTG/T D31-02—2013	公路软土地基路堤设计与施工技术细则(10449)	40.00
36			JTG/T D31-03—2011	★采空区公路设计与施工技术细则(09181)	40.00
37			JTG/T D31-04—2012	多年冻土地区公路设计与施工技术细则(10260)	40.00
38			JTG/T D32—2012	公路土工合成材料应用技术规范(09908)	42.00
39			JTG D40—2011	★公路水泥混凝土路面设计规范(09463)	40.00
40			JTG D50—2006	★公路沥青路面设计规范(06248)	36.00
41			JTG/T D33—2012	公路排水设计规范(10337)	40.00
42		桥隧	JTG D60—2015	公路桥涵设计通用规范(12506)	40.00
43			JTG/T D60-01—2004	公路桥梁抗风设计规范(0814)	28.00
44			JTG D61—2005	公路圬工桥涵设计规范(0887)	19.00
45			JTG D62—2004	公路钢筋混凝土及预应力混凝土桥涵设计规范(05052)	48.00
46			JTG D63—2007	公路桥涵地基与基础设计规范(06892)	48.00
47			JTG D64—2015	公路钢结构桥梁设计规范(12507)	80.00
48			JTG/T D65-01—2007	公路斜拉桥设计细则(1125)	28.00
49			JTG/T D65-04—2007	公路涵洞设计细则(06628)	26.00
50			JTG/T D65-06—2015	公路钢管混凝土拱桥设计规范(12514)	40.00
51			JTG D70—2004	公路隧道设计规范(05180)	50.00
52			JTG/T D70—2010	★公路隧道设计细则(08478)	66.00
53			JTG D70/2—2014	公路隧道设计规范 第二册 交通工程与附属设施(11543)	50.00
54			JTG/T D70/2-01—2014	公路隧道照明设计细则(11541)	35.00
55			JTG/T D70/2-02—2014	公路隧道通风设计细则(11546)	70.00
56		交通工程	JTG D80—2006	高速公路交通工程及沿线设施设计通用规范(0998)	25.00
57			JTG D81—2006	★公路交通安全设施设计规范(0977)	25.00
58			JTG/T D81—2006	★公路交通安全设施设计细则(0997)	35.00
59			JTG D82—2009	公路交通标志和标线设置规范(07947)	116.00

续上表

序号	类别		编号	书名(书号)	定价(元)
60	设计	综合	交公路发〔2007〕358号	公路工程基本建设项目设计文件编制办法(06746)	26.00
61			交公路发〔2007〕358号	公路工程基本建设项目设计文件图表示例(06770)	600.00
62			交公路发〔2015〕69号	公路工程特殊结构桥梁项目设计文件编制办法(12455)	30.00
63	检测		JTG E20—2011	公路工程沥青及沥青混合料试验规程(09468)	106.00
64			JTG E30—2005	公路工程水泥及水泥混凝土试验规程(0830)	32.00
65			JTG E40—2007	★公路土工试验规程(06794)	79.00
66			JTG E41—2005	公路工程岩石试验规程(0828)	18.00
67			JTG E42—2005	公路工程集料试验规程(0829)	30.00
68			JTG E50—2006	★公路工程土工合成材料试验规程(0982)	28.00
69			JTG E51—2009	公路工程无机结合料稳定材料试验规程(08046)	48.00
70			JTG E60—2008	公路路基路面现场测试规程(07296)	38.00
71			JTG/T E61—2014	公路路面技术状况自动化检测规程(11830)	25.00
72	施工	公路	JTG F10—2006	公路路基施工技术规范(06221)	40.00
73			JTG/T F20—2015	公路路面基层施工技术细则(12367)	45.00
74			JTG/T F30—2014	公路水泥混凝土路面施工技术细则(11244)	60.00
75			JTG/T F31—2014	公路水泥混凝土路面再生利用技术细则(11360)	30.00
76			JTG F40—2004	公路沥青路面施工技术规范(05328)	38.00
77			JTG F41—2008	公路沥青路面再生技术规范(07105)	25.00
78		桥隧	JTG/T F50—2011	★公路桥涵施工技术规范(09224)	110.00
79			JTG/T F81-01—2004	公路工程基桩动测技术规程(0783)	20.00
80			JTG F60—2009	公路隧道施工技术规范(07992)	42.00
81			JTG/T F60—2009	公路隧道施工技术细则(07991)	58.00
82		交通	JTG F71—2006	★公路交通安全设施施工技术规范(0976)	20.00
83			JTG/T F72—2011	公路隧道交通工程与附属设施施工技术规范(09509)	35.00
84	质检安全		JTG F80/1—2004	公路工程质量检验评定标准 第一册 土建工程(05327)	46.00
85			JTG F80/2—2004	公路工程质量检验评定标准 第二册 机电工程(05325)	26.00
86			JTG G10—2006	公路工程施工监理规范(06267)	20.00
87			JTG F90—2015	公路工程施工安全技术规范(12138)	68.00
88	养护管理		JTG H10—2009	公路养护技术规范(08071)	49.00
89			JTJ 073.1—2001	公路水泥混凝土路面养护技术规范(0520)	12.00
90			JTJ 073.2—2001	公路沥青路面养护技术规范(0551)	13.00
91			JTG H11—2004	公路桥涵养护规范(05025)	30.00
92			JTG H12—2015	公路隧道养护技术规范(12062)	60.00
93			JTG H20—2007	公路技术状况评定标准(1140)	15.00
94			JTG/T H21—2011	★公路桥梁技术状况评定标准(09324)	46.00
95			JTG H30—2015	公路养护安全作业规程(12234)	90.00
96			JTG H40—2002	公路养护工程预算编制导则(0641)	9.00
97	加固设计与施工		JTG/T J21—2011	公路桥梁承载能力检测评定规程(09480)	20.00
98			JTG/T J22—2008	公路桥梁加固设计规范(07380)	52.00
99			JTG/T J23—2008	公路桥梁加固施工技术规范(07378)	30.00
100	改扩建		JTG/T L11—2014	高速公路改扩建设计细则(11998)	45.00
101			JTG/T L80—2014	高速公路改扩建交通工程及沿线设施设计细则(11999)	30.00
102	造价		JTG M20—2011	公路工程基本建设项目投资估算编制办法(09557)	30.00
103			JTG/T M21—2011	公路工程估算指标(09531)	110.00
1	技术指南		交公便字〔2006〕02号	公路工程水泥混凝土外加剂与掺合料应用技术指南(0925)	50.00
2			交公便字〔2006〕02号	公路工程抗冻设计与施工技术指南(0926)	26.00
3			厅公路字〔2006〕418号	公路安全保障工程实施技术指南(1034)	40.00
4			交公便字〔2009〕145号	公路交通标志和标线设置手册(07990)	165.00

注：JTG——公路工程行业标准体系；JTG/T——公路工程行业推荐性标准体系；JTJ——仍在执行的公路工程原行业标准体系。

批发业务电话:010-59757973；零售业务电话:010-85285659(北京)；网上书店电话:010-59757908；业务咨询电话:010-85285922。带"★"的表示有勘误，详见中国交通运输标准服务平台 www.yuetong.cn/bzfw。